MARCO POLO

BALTIKUM

ESTLAND LETTLAND LITAUEN

MARCO POLO KOAUTOR

Florian Daniel Maaß

Seit er als Kind das erste Mal die Elbbrücken überquerte, prägt ihn Fernweh. Es zieht ihn seit einem Austausch mit Krakau zur Schulzeit immer wieder in östliche, seit zehn Jahren verstärkt in nordöstliche Richtung. Rīga ist seine zweite Heimat geworden, von dort bereist der Journalist und Autor regelmäßig das Baltikum. Er mag besonders die langen Sommernächte und die unaufgeregte Mentalität.

DIE TOUREN-APP

zu den Erlebnistouren zeigt, wo's langgeht: inklusive Tourenverlauf und Offline-Karte

EVENTS & NEWS

Schnell die wichtigsten Infos auf dem Smartphone: Events, News, neue Insider-Tipps und ggf. aktualisierte Erlebnistouren als PDF zum Downloaden

HOLEN SIE MEHR AUS IHREM MARCO POLO RAUS!

SO EINFACH GEHT'S!

1 go.marcopolo.de/btk

2 downloaden und entdecken

GO!

OFFLINE!

SYMBOLE

INSIDER TIPP Insider-Tipp
★ Highlight
●●●● Best of ...
Schöne Aussicht
Grün & fair: für ökologische oder faire Aspekte
(*) kostenpflichtige Telefonnummer

PREISKATEGORIEN HOTELS

€€€	über 100 Euro
€€	60–100 Euro
€	unter 60 Euro

Die Preise gelten für eine Übernachtung im Doppelzimmer mit Frühstück

PREISKATEGORIEN RESTAURANTS

€€€	über 15 Euro
€€	8–15 Euro
€	unter 8 Euro

Die Preise gelten für ein Hauptgericht und ein Getränk

GUT ZU WISSEN

Geschichtstabelle → S. 14
Digitale Vorreiter → S. 27
Spezialitäten → S. 30
No Lithenglish, please! → S. 81
Feiertage → S. 121
Was kostet wie viel? → S. 125
Bücher & Filme → S. 127
Wetter → S. 129

KARTEN IM BAND
(138 A1) Seitenzahlen und Koordinaten verweisen auf den Reiseatlas
(0) Ort/Adresse liegt außerhalb des Kartenausschnitts
Es sind auch die Objekte mit Koordinaten versehen, die nicht im Reiseatlas stehen

(🕮 A–B 2–3) verweist auf die herausnehmbare Faltkarte

UMSCHLAG VORN:
Die wichtigsten Highlights

UMSCHLAG HINTEN:
Karten zu Rīga, Tallinn und Vilnius

Die besten MARCO POLO Insider-Tipps

Von allen Insider-Tipps finden Sie hier die 15 besten

INSIDER TIPP **Hinter Gittern**

Im *einstigen Militärgefängnis* des Marinehafens im lettischen Liepāja erwachen düstere Geister zum Leben. Es ist nur ein Spiel. Aber keins für schwache Nerven. Wer richtig hart im Nehmen ist, gibt sich das ganze Programm und übernachtet in einer der ehemaligen Zellen → S. 59

INSIDER TIPP **Klopf auf Holz**

Lange wurden die zahllosen Holzhäuser Rīgas als Elendsbehausungen betrachtet und dem Verfall überlassen. Doch inzwischen ist das Holz von *Pārdaugava* wieder hip. Besonders im angesagten *Kalnciems Kvartals* mit seinen trendigen Hoffesten → S. 67

INSIDER TIPP **Meisterhafte Unterkunft**

Den Meisterhof in Tallinns Altstadt preisen Reiseführer als gute Adresse für estnisches Kunsthandwerk. Doch Sie können hier auch rustikal-gemütlich übernachten. Das Gästehaus *Villa Hortensia* gehört einem Architekten. Man merkt es → S. 50

INSIDER TIPP **Nachts im Museum**

Wo gibt's denn so was? Im Museum übernachten? Tür an Tür mit Gemälden eines Ausnahmekünstlers? Das *Mark Rothko Art Centre* in Daugavpils vermietet zehn Gästezimmer an mehr, aber auch an weniger kunstbeflissene Besucher → S. 64

INSIDER TIPP **Lettische Geheimnisse**

In seiner Werkstatt in Cēsis enthüllt *Silberschmied Kalniņš* die wunderschönen Geheimnisse altlettischer Ornamentik → S. 56

INSIDER TIPP **Bitte die Pässe bereithalten!**

Im Vilniuser *Künstlerviertel Užupis* spielen Einheimische Unabhängigkeit. Und das ziemlich gut. Der Dalai Lama war auch schon da → S. 92

INSIDER TIPP **Paris oder Mailand? Rīga!**

In der lettischen Hauptstadt hat sich eine spannende junge Modeszene etabliert. Boutiquen wie *Bold* verkaufen die coolsten Kleider made in Latvia → S. 71

INSIDER TIPP Wildes Estland

Schwitzen in der schwimmenden Sauna? Ein Einbaumboot selber bauen? Auf der Suche nach dem spannendsten Naturweg? Die Outdoor-Spezialisten von *Soomaa.com* bieten alles für das große Trail-Abenteuer in Estlands wildestem Nationalpark → S. 40

INSIDER TIPP Windjammer wieder da

Der Dreimaster *Meridianas* war nur noch ein Wrack, die Werft kam gerade noch rechtzeitig für Klaipėdas schwimmendes Wahrzeichen. Willkommen an Bord! → S. 81

INSIDER TIPP Harte Sitten

In der *Universität Tartu* gibt es für aufmüpfige Studenten sogar einen *Knast*. Eingesperrt war hier allerdings lange niemand → S. 52

INSIDER TIPP Souvenir in Strick

Die schönen *Kihnu-Pullover* von der kleinen Insel gleichen Namens kratzen vielleicht ein bisschen, sind aber garantiert Unikate → S. 40

INSIDER TIPP Jugendstilzentrum

Wie Rīga zu seinem Jugendstil (Foto li.) kam und was eigentlich hinter den wahnsinnig schönen Fassaden steckt – das alles und viel mehr erfahren Sie im *Art Nouveau Centre* → S. 67

INSIDER TIPP Den Bergen ein Stück näher

Eine *Seilbahn* im tellerflachen Baltikum? Im lettischen Sigulda im Urstromtal der Gauja gondelt sie mit Ihnen von Gipfel zu Gipfel → S. 58

INSIDER TIPP Wandgemalt

Der renommierte Daily Telegraph erkor Kaunas zur weltcoolsten Stadt für Street Art. Schuld daran ist ein *weiser alter Mann* in Hausschuhen, der Peife raucht → S. 77

INSIDER TIPP Felsiges Kanuparadies

Das wildromantische *Gaujatal* mit seinen Sandsteinfelsen ist für Kenner das schönste Paddelrevier des Baltikums. Lassen Sie sich hindurch führen! (Foto u.) → S. 57

BEST OF ...

TOLLE ORTE ZUM NULLTARIF

Neues entdecken und den Geldbeutel schonen

SPAREN

Schöne Grüße aus Mitteleuropa

Der bei Vilnius gelegene *geografische Mittelpunkt Europas* ist, an seiner Bedeutung gemessen, ungemein günstig zu haben – nämlich (noch) gratis! Für die Urlaubskarte gibt's hier originelle Sonderstempel, die kosten nur das Porto der Briefmarke → S. 78

Gratis Hofkonzert

Jeden Donnerstag gibt's im Hof des kultigen *Kalnciems-Viertels* in Pardaugava in Rīga ein kostenloses Open-Air-Konzert. Erleben Sie authentisch und live lettische Bands und Musiker von Indie bis Jazz → S. 67

Museum umsonst

Das *Jüdische Museum*, das *Okkupationsmuseum* sowie die *Nationalbibliothek* (Foto) in Rīga können Sie kostenlos besichtigen. Andere Museen im Baltikum bieten spezielle eintrittsfreie Tage → S. 66, 68, 69

Sprich mit mir!

Noch bevor Vilnius' neuer Museumsbau von Daniel Libeskind überhaupt eröffnet hatte, machten die Mo-Macher in der Stadt von sich reden – im wahrsten Sinne des Worts. Gleich neben dem Neubau können Passanten sich mithilfe ihres Handys von 16 *Sprechenden Statuen* etwas erzählen lassen. Eine singt sogar für Sie – und das alles umsont → S. 91

Flug verspätet? Super!

Flughäfen sind oft öde und alles gibt es nur zu überhöhten Preisen. Besonders schlimm, wenn sich der Flug verspätet. Auf dem *Tallinner Airport* ist das ganz anders: Da sorgen eine Bibliothek, Spielplätze, freies Wifi, eine Küche zur freien Nutzung und sogar ein Fitness-Center für tiefenentspanntes Warten → S. 124

Zeig' mir Deine Stadt!

Die besten *Stadtführungen* sind umsonst: In *Vilnius* und *Rīga* etwa nehmen Locals sie mit auf Rundgänge durch die Altstädte oder die spannenden neuen Viertel. Das kostet gar nichts, aber ein Trinkgeld sollten Sie für die fleißigen Guides übrig haben → S. 128

Diese Punkte zeichnen in den folgenden Kapiteln die Best-of-Hinweise aus

TYPISCH BALTIKUM

Das erleben Sie nur hier

Estlands ganzer Stolz

Giebel, Türme, Backsteinkirchen: In der meisterlich restaurierten *Altstadt* von Tallinn mischt sich baltische Lebensfreude mit hanseatischem Flair. Und wenn im Sommer rings um den *Raekoja plats* die Cafés und Läden öffnen, findet man schnell seinen Lieblingsplatz → S. 44, 46

Die Insel der Inseln

Mehr als 1500 Inseln säumen die estnische Küste. *Saaremaa,* die größte von ihnen, ist eine Welt für sich: wildromantische Natur, uralte Bockwindmühlen säumen die Straße, und in der Inselhauptstadt Kuressare zeugt eine wuchtige Bischofsburg von bewegten Zeiten → S. 40

Gekreuzigte Freiheit

Hunderttausend Mal ist Christus hier schon gestorben für Litauens Freiheit, da konnte Moskau noch so viele Bulldozer schicken. Ein ebenso stilles wie starkes Monument für den baltischen Unabhängigkeitsgeist ist der *Berg der Kreuze* (Foto) geblieben – auch im freien Europa → S. 84

Rīgas ewige Jugend

Der Altstadt die Macht, dem *Jugendstil* die Pracht: Was Architekten wie Michail Eisenstein vor 100 Jahren in der überschwenglichen Euphorie der lettischen nationalen Romantik schufen, sucht europaweit seinesgleichen. Fast 800 Jugendstilfassaden zieren Rīgas Straßen – eine Operette in Stein → S. 66

Bewunderte Nehrung

Man müsse sie gesehen haben, solle einem nicht ein wunderbares Bild in der Seele fehlen, schwärmte Wilhelm von Humboldt vor mehr als 200 Jahren von der *Kurischen Nehrung.* Er würde es heute gewiss genauso wiederholen → S. 84

Der Kräuter schwarze Seele

Rīgas Melnais Balzams, der bitterschwarze Kräuterlikör, ist in Lettland nationale Berühmtheit und Exportschlager. Erfunden vor vielen Jahren von einem Apotheker als Arznei, wird die hochprozentige Spezialität heute auch in Mixdrinks serviert → S. 71

TYPISCH

BEST OF ...

SCHÖN, AUCH WENN ES REGNET

Aktivitäten, die Laune machen

REGEN

Malen nach Tonalen

Im *Čiurlionis-Kunstmuseum* in Kaunas wird nachfühlbar, wie das spätromantische Universalgenie Malerei und Komposition zu verbinden versuchte. Bei 360 Arbeiten des Künstlers kann es draußen so lang regnen, wie es will → S. 76

Lettische Marktwirtschaft

Willkommen im Bauch von Rīga: Der *Zentralmarkt* in den alten Zeppellinhangars gleich hinter dem Bahnhof ist eine echte Institution. Auf dem größten Basar des Baltikums erleben Sie ein Fest für alle Sinne → S. 71

Tallinns Kunst ganz groß

Museen sind was von gestern? Da kennen Sie Tallinns *Kumu* (Foto) noch nicht: Mit seinen tollen Installationen ist dies eins der besten Häuser zeitgenössischer Kunst in ganz Europa → S. 45

Zu Gast beim Präsidenten

Das *Rīgaer Schloss* war in seiner Geschichte schon vieles. Heute birgt es drei der wichstigsten Museen Lettlands, da kann es schon ein paar Stunden regnen. Mit etwas Glück begegnen Sie dem Präsidenten. Der hat nämlich im Schloss sein Büro → S. 69

Lettlands größtes Spaßbad

Ostsee zu kühl, Wetter zu nass? Im *Aquapark Jūrmala,* dem größten in Lettland, ist das Badewasser wie es sein sollte: gut temperiert und mit allerhand Spaßpool-Gerätschaft möbliert – Rutschentower, Kaskaden, Sprungturm → S. 118

Estnisch-französische Versuchungen

Lassen Sie sich in *Pierres Chocolaterie* die Marzipanpralinen und andere Kreationen des Tallinner Schokoladenmeisters munden. Es wird Ihnen schwerfallen, wieder zu gehen – erst recht bei Regen ... → S. 47

ENTSPANNT ZURÜCKLEHNEN

Durchatmen, genießen und verwöhnen lassen

ENTSPANNT

Saunieren mit den Locals

In Tallinns *Kalma Saun* und Rīgas *Balta Pirts* erwarten Sie keine luxuriösen Spalandschaften, sondern authentische, mit Holzöfen beheizte Saunahäuser – inklusive nettem Plausch mit Einheimischen → S. 49, 71

Kräuterbad und Sprudelbecken

Das Wellness-Spa-Haus *Gydykla* im Aquapark Druskininkai bietet auch Tagesbehandlungen an. Gönnen Sie sich ein Kräuterbad, anschließend schwimmen Sie im Mineralwasserbecken. Sie werden sich wie neu geboren fühlen → S. 97

Wie die alten Kuren

Auf dem Törn an Bord eines alten *Kurenkahns* von Nida tauchen Sie ein in die Langsamkeit des Seins. Ringsum die Weite des Haffs, gesäumt vom sanften Relief der Wanderdünen, über Ihnen das braune Segel und baltisches Wolkentheater: Bilder wie aus der Zeit gefallen → S. 86

Baltisches Westmeer

Wollen Sie die baltische Küste in ihrer ganzen wildromantischen Schönheit entspannt genießen, fahren Sie zum Sonnenuntergang ins lettische *Jūrkalne.* Rau fällt die Steilküste zum Strand ab, weit fliegt der Blick über die Ostsee, die nun im Westen liegt. Den Strand haben Sie für sich → S. 61

Reif für die Insel

Wenn Sie einen Ort suchen, um in aller Ruhe und Stille und dennoch vom stilvollen Komfort eines guten Hotels umgeben ein paar entspannte Tage an der Ostsee zu verbringen, finden Sie auf der kleinen estnischen *Insel Muhu* ein echtes Paradies. Es heißt *Pädaste* → S. 43

Pssst!

Diese Ruhe! Einfach in einer Hängematte zwischen Eichen und Orchideen und Störchen in dem charmanten Herrenhaus *Kārļamuižā* im Gaujatal chillen. Beim leichten Schaukeln in den Himmel blicken – und sonst nichts tun! Außer großartig essen! → S. 56

AUFTAKT

ENTDECKEN SIE DAS BALTIKUM!

Knapp drei Jahrzehnte sind vergangen, seit das Baltikum sich mit seiner ***singenden Revolution*** aus der Sowjetunion befreite, doch es scheint ewig her. Estland, Lettland und Litauen sind selbstbewusste nordeuropäische Länder, EU-Musterschüler und überzeugte Nato-Mitglieder: drei ***junge Ostseerepubliken***, die dem alten Kontinent guttun – mit ihrem Mut zu innovativen Ideen, ihrer Aufbruchstimmung, ihren gelebten Traditionen – besonders beeindruckend zu erleben bei den Sängerfesten. Ein Faible für ***brandneue Informationstechnologien*** verbindet die Balten ebenso wie die Verwurzelung im alten Brauchtum. Die Internettelefonie Skype ist eine estnische Erfindung, 5-G-Internet selbstverständlich. Zugleich gibt es nirgendwo in Europa mehr ***Volkslieder*** als im Baltikum, es sind mehrere Millionen.

Eigentlich mögen es die Bewohner Estlands, Lettlands und Litauens gar nicht, sich im „Baltikum" zusammengefasst zu sehen. Die finno-ugrischen Esten sind streng genommen auch keine Balten. Ein ***Este*** fühlt sich mehr als ***Skandinavier***. Das ***katholische Litauen*** wiederum verbindet seine Geschichte, Kultur und Religiosität eher mit Polen – beide Länder waren mehrere hundert Jahre als europäische Großmacht in einem Staat vereint. Lettland ist kulturell stark von den Jahrhunderten ***deutscher***

Hübsches Kontrastprogramm im mittelalterlich geprägten Tallinn: das Barockschloss Katharinental

Besetzung geprägt. Doch im Kampf für die eigene ***Unabhängigkeit*** fanden die unterschiedlichen Nachbarn zum wunderbarsten Akt des Widerstands gegen die Sowjetunion zusammen: dem ***Baltischen Weg***, einer Menschenkette von Vilnius bis Tallinn zum 50. Jahrestag des unheilvollen Molotov-Ribbentrop-Abkommens am 23. August 1989, an der jeder Dritte Este, Lette und Litauer teilnahm.

Es ist eben diese ***wechselvolle Vielfalt*** aus verschiedenen Kulturen und Landschaften sanfter Schönheit, die das Baltikum als Reiseziel so reizvoll macht. Einsame ***Seen*** und urwüchsige ***Wälder***, Sommerwolken über Auwiesen, Wildrosen und ***„weiße" Juninächte***: Wer mit diesen Vorstellungen in die drei Ostseerepubliken reist, wird unzählige Paradiese entdecken. Allein die ***Küste*** wandelt auf tausend Kilometern zwischen dem litauischen Nida und dem Lahemaa-Nationalpark im Norden Estlands immer wieder ihre Form: ***Sandstrände***, soweit der Blick reicht, Dünenketten und zerklüftete ***Steilufer***, schroff ins Meer abfallende Klintfelsen. In Estland spürt man das nahe Skandinavien, dort säumt ein ***schärenartiger Archipel*** aus über 1500 Inseln die Küste.

Wer die Küste verlässt, erlebt ein ***Land der leisen Töne***, nordisch herb, melancholisch, introvertiert. Über die Hälfte des baltischen Nordens ist von Wäldern bedeckt. Dazwischen

Ab 4000 v. Chr.
Finno-ugrische Völker, vermutlich aus dem Ural, wandern ins heutige Estland und Finnland ein

100–600 n. Chr.
Die baltischen Stämme treiben regen Bernsteinhandel bis in den Orient

13. Jh.
Der deutsche Schwertbrüderorden erobert das heutige Lettland und Estland. Herausbildung des mittelalterlichen Ordensstaates

1201
Gründung Rīgas durch den Bremer Bischof Albert

1219–1227
Die Dänen bauen die Festung Reval (heute Tallinn)

breiten sich ***geheimnisvolle Hochmoore*** aus – ein Traumrevier für Outdoor-Fans, wie die Latgale-Ebene, die sich im Osten Lettlands zu einer endlos scheinenden ***stillen Seenplatte*** öffnet. Und wer hätte nicht schon von der ***Kurischen Nehrung*** gehört, jener legendären Halbinsel, von der schon Wilhelm von Humboldt schwärmte.

Der ***Kontrast*** zu den Hauptstädten könnte größer nicht sein. Hier schlägt das Herz der jungen Republiken – politisch, wirtschaftlich, kulturell. ***Rīga***, ***Tallinn*** und ***Vilnius*** haben sich herausgeputzt, der graue Sowjetmief ist einem lebendigen Mix aus eleganten Läden und Galerien, Restaurants und trendigen Cafés gewichen. An Sommerabenden herrscht in Clubs und Jazzkneipen ein ***entspannt-urbanes Nachtleben***. Drei Hauptstädte, drei Gesichter. Tallinn betört mit ***mittelalterlichem Charme***. Das historische, meisterhaft restaurierte *Vanalinn* mit seinen Gassen, Wehrtürmen und Kirchen rings um den Domberg zählt zu den ***schönsten Altstädten*** Europas. Das Fischerviertel ***Kalamaja*** mit dem Hotspot Telliskivi ist charmante Spielwiese der Hipster-Szene. Lettlands Hauptstadt Rīga vereint spielend ***hanseatische Backsteingotik*** mit der schwelgerischen Pracht von über 800 Jugendstilhäusern, die sich in den üppigsten Gründerzeitquartieren der Welt zu einer ***Operette aus Stein*** entfalten. In der Altstadt und den jungen Vierteln laden von Frühling bis in den späten Herbst ***Straßencafés*** ein, das Leben zu genießen.

> **In den Hauptstädten schlägt das Herz der jungen Republiken**

Vilnius ist anders. Berauschend ***barock***, katholisch, ein bisschen ***exzentrisch***, geheimnisvoll. Litauens Hauptstadt wuchs als ***Schmelztiegel der Kulturen***. In schattigen Hinterhöfen der verwinkelten Altstadt, zwischen alten Klöstern, Dutzenden

1251 Mindaugas vereint die litauischen Kleinfürsten und wird zum ersten (und einzigen) König Litauens gekrönt

1385 Litauisch-polnische Union

1558–1582 Angriff Iwan des Schrecklichen; infolge des Livländischen Kriegs wird das nördliche Estland schwedisch, Livland polnisch

ab 1710 Zarenzeit im Baltikum: Livland und Estland fallen an Russland

1838 Beginn des „nationalen Erwachens"

Kirchen, Kaufmannshäusern und dem prächtigen Universitätskomplex lebt noch der Zauber der litauischen Vielvölkerstadt. Heute fühlen sich Künstler und Freigeister von der ***bohemistischen Stimmung*** angezogen. An Sommertagen durchweht das lebensfrohe Vilnius ein geradezu ***südländisches Flair***.

Die drei Länder selbst sehen sich im ***Norden Europas***. Das ist auch kein Wunder. Liegt der Mittelpunkt Europas doch gerade eine halbe Autostunde von der litauischen Hauptstadt entfernt. Hier kreuzen sich die Achsen Gibraltar–Ural und Nordkap–Kreta. Ebenso wie die Verortung im Osten möchten die baltischen Drei das Label „post-sowjetisch" ablegen, nicht länger über die ***vergangene Besatzung*** definiert werden. Litauen, Lettland und Estland zählen zu den am stärksten wachsenden Volkswirtschaften in Europa. Die lähmende Abhängigkeit von ***russischen Märkten*** ist weitgehend überwunden: Drei Viertel ihres Außenhandels wickeln die Ostseerepubliken inzwischen mit der EU und Skandinavien ab.

Das Label „post-sowjetisch" möchten die drei ablegen

Doch die ***globale Krise*** nahm auf Wirtschaftswunder keine Rücksicht. Die gefeierten Stars unter den aufstrebenden Ökonomien stürzten 2008 in die ***Rezession***. Ein immenser Teil des baltischen Wirtschaftswunders war ***auf Pump*** finanziert. „Es war im Prinzip das gleiche Spiel wie in Spanien und Griechenland", erklärt Morten Hansen, Chefvolkswirt an der Stockholm School of Economics in Rīga. „Nur war die ***Blase***, die hier bei uns platzte, im Verhältnis zur Größe der Länder viel gewaltiger." Die lettische Wirtschaft schrumpfte 2009 um fast 19 Prozent, das ***größte Minus*** aller EU-Staaten.

Drei Jahre dauerte die Talfahrt, doch inzwischen ist das Baltikum wieder ***quicklebendig***, die Wirtschaft der kleinen Länder hat sich erstaunlich ***schnell erholt*** und steuert mit jährlichen Wachstumsraten über dem EU-Schnitt wieder auf stabilem Kurs. Wie das ging? Ein beispiellos ***radikales Sparprogramm***, zwischenzeitige Lohnkürzungen von bis zu 40 Prozent, ***harte Einschnitte*** bei Renten und Sozialleistungen und die geringste Staatsverschuldung in der EU (im 1. Quartal 2018 etwa 8,7 % des Bruttoinlandsprodukts in Estland – zum Vergleich: 81,5 % im EU-Schnitt und 180 % in Griechenland) halfen der kleinsten Ostseerepublik vergleichsweise schnell aus der

1917/18 Unabhängigkeitserklärungen in Estland, Lettland und Litauen

1939/1940 Hitler-Stalin-Pakt; das Baltikum wird der Sowjetunion zugeschlagen; Einmarsch sowjetischer Truppen ins Baltikum

1941 Ab Juni 1941 Massendeportationen nach Sibirien

1941–44 Deutsche Besatzungszeit; Massenmord an baltischen Juden

1944/45, 1949 Nach Rückkehr der Roten Armee werden erneut Zehntausende deportiert

Schöner Schutz: Trakais mittelalterliche Burg liegt mitten in einer ausgedehnten Seenlandschaft

Krise. Eine Mischung aus rigidem Sparkurs und attraktiven Anreizen für Gründer und ausländische Investoren funktionierte. „Das ***robuste Wachstum***", versichert Morten Hansen, „ist diesmal nachhaltig und nicht auf billigen Krediten gebaut." Mitten in den Euro-Untergangsdebatten führten die Esten gefolgt von Letten und Litauern ihn als ***Währung*** ein. Und feierten das sogar noch.

Auch das ist halt typisch Baltikum: ***Optimismus***. Ärmel hochkrempeln statt jammern. „Die Lösung ist immer nur drei Anrufe entfernt", sagt man in Tallinn. Vielleicht gab es darum ***keinen Aufruhr***, kaum Demonstrationen, als die Regierungen die Steuern anzogen, als die Löhne sanken und die Arbeitslosigkeit hochschnellte. Es verstärkte jedoch das gesellschaftliche Hauptproblem. Jeder fünfte Balte ist seit der Unabhängigkeit ***ausgewandert***. Obwohl die Gehälter wieder steigen und die Arbeitslosigkeit sinkt, rennen die Letten und Litauer davon. Nur Estland schaffte

Ende der 1980er-Jahre
Unabhängigkeitsbewegungen und baltische „Volksfronten" gründen sich

1989
Eine Menschenkette zieht sich zum Gedenken an den Hitler-Stalin-Pakt quer durchs Baltikum

1990
Litauen erklärt sich für unabhängig

1991
Sowjetische Fallschirmjäger erschießen in Vilnius 14 Menschen. Fünf weitere sterben in Rīga bei der Erstürmung des Innenministeriums. Nach dem Moskauer Augustputsch erklären sich auch Estland und Lettland für unabhängig

2016 die Wende. Ein hausgemachtes Probleme ist die ***Korruption*** und der Einfluss von reichen Geschäftsleuten auf die Politik und Medien, den etwa die sogenannten ***Oligarchen-Transkripte*** in Lettland belegten, der in Litauen jedoch ähnlich bedenklich ist. Dem Ansehen auf den Finanzmärkten schadeten unsaubere Geldflüsse, die zur Auflösung der drittgrößten Bank Lettlands führten.

Obwohl die großen Zahlen gut aussehen, nimmt auch das zweite Wirtschaftswunder der ***baltischen Tiger*** nicht alle Bürger mit. Vor allem die ***Rentner***, die bei rasant steigenden Preisen mit ihren monatlich oft nur 200 Euro kaum überleben können. Die Arbeitslosigkeit liegt zwischen sechs und acht Prozent, in ***ländlichen Regionen*** ist sie ***doppelt so hoch***. Das Wohlstandsgefälle zwischen Stadt und Land ist krass. Wer das polierte Rīga in Richtung der lettischen Provinz verlässt, meint ***aus der Zeit zu fallen***. Die Menschen in den ***verarmten Dörfern*** des baltischen Hinterlands haben es schwer im neuen EU-Europa. Hier kommen ***kaum Fördergelder*** an. Wer überleben will, hält sich eine Kuh und bestellt seinen Acker – für den Eigenbedarf.

Wer überleben will, hält sich eine Kuh und bestellt seinen Acker

Auch die ***Wunden der Sowjetzeit*** sind längst nicht vernarbt. Die meisten Balten hatten jahrzehntelang unter der brutalen ***Besatzung*** gelitten. Wie schnell alte Vorurteile wachzurufen sind und in Gewalt umschlagen, zeigte sich nach dem Ausbruch des ***Ukraine-Konflikts***: Viele Menschen in den drei Ostseerepubliken nahmen die Politik Moskaus als Bedrohung der eigenen Sicherheit wahr und die baltischen Regierungen, traditionell amerikatreu, forderten erfolgreich die Stationierung von mehr Nato- und US-Militär in ihren Ländern. Als Teil eines ***temporären Nato-Kontingents*** sind seit 2015 auch 500 Bundeswehrsoldaten in Litauen stationiert. Regelmäßige Drohgebärden wie Verletzungen des Luftraums durch ***russische Jagdflieger*** oder russische Militär-Manöver in Weißrussland verstärken die Ängste vor dem Nachbarn. Das Verhältnis zwischen den Balten und den russischen Minderheiten in ihren Ländern hat sich dagegen kaum verschlechtert. Auch unter den ***Russen im Baltikum*** prägt zunehmend eine Generation das Bild, die die Vorteile des Lebens in der EU zu schätzen weiß. Oft wirkt es allerdings eher wie ein ***friedliches Nebeneinander*** als ein Miteinander.

1993–99
Abzug der Sowjettruppen

2004
EU-Beitritt

2008/2009
Die Bankenkrise reißt das Baltikum in eine Rezession

2011 und 2015
Estland, Lettland und Litauen führen den Euro ein

2015/2016
Nach der russischen Krim-Annexion stationiert die Nato im Baltikum zusätzliche Militäreinheiten

2018
Die baltischen Staaten erhalten den Westfälischen Friedenspreis „als Vorbild für Ausgleich und Frieden"

Gigantisches Vitamindepot: Rīgas Zentralmarkt in den früheren Zeppelinhangars

Die Balten sind ***patriotisch***. Wen wundert's? Ihre Geschichte war jahrhundertelang eine Geschichte fremder Herren: Deutsche, Dänen, Schweden, Russen – sie alle kamen und ***okkupierten***, was ihnen gefiel in der strategisch günstig gelegenen Ostseeregion. ***Freie Nationalstaaten*** auszurufen gelang den Balten erstmals 1918, in den Wirren nach dem Ersten Weltkrieg. Klar, dass der 100. Geburtstag der Unabhängigkeit groß gefeiert wird, noch bis 2020 (Infos auf *lv100.lv, ev100.ee, lietuva.lt/100*). Zeugen der bewegten Vergangenheit findet man überall im Baltikum: ***Ordensburgen***, alte Landsitze des deutschbaltischen Adels, Schlösser prächtig wie Zarenpaläste.

Die Geschichte des Baltikums – eine Geschichte fremder Herren

Touristische Geheimtipps sind die Ostseerepubliken längst nicht mehr, immer mehr Urlauber entdecken das Baltikum. Hits sind natürlich die ***Hauptstädte***, aber auch die Kurische Nehrung, die feinen Badeorte ***Jūrmala*** und ***Palanga***, die estnische Insel ***Saaremaa*** und das ***Gauja-Tal*** stehen in der Gunst der Touristen ganz oben. In das ***Hinterland*** aber verirrt sich kaum ein Fremder. Dabei gibt es viel zu entdecken in den stillen baltischen Provinzen, das Kurbad ***Druskininkai*** in den tiefen Wäldern des litauischen Südens, das seenreiche ***Lettgallen*** oder die ***estnische Nordküste*** sind echte Geheimtipps für Leute, die neue Wege gehen wollen. Unterkünfte gibt's im Baltikum problemlos, das Angebot reicht von Fünf-Sterne-Luxus über stilvoll restaurierte Landschlösser bis zu Hostels oder Campingplätzen. Wer Land und Leute kennenlernen möchte, nimmt alternativ ein ***Privatquartier***. Hier wird man es schnell spüren: Der große ***Reichtum*** dieser wundervollen Länder sind ***seine Menschen***, gastfreundlich und hilfsbereit.

IM TREND

1 Folk im Club

Volksmusik Dass man im Baltikum Volkslieder liebt, ist spätestens seit der Singenden Revolution eine Binsenweisheit. Jetzt aber wird das musikalische Erbe Avantgarde. 30 000 Party People feiern beim *Open-Air-Festival* im litauischen *Viljandi (www.viljandifolk.ee)* zu alter Volksmusik, clubtauglich aufgemischt oder rockverzerrt. Volksmusik in neuem Gewand ist der heißeste Musiktrend der drei Republiken. Alte Weisen werden mit Ambient-Klangteppichen verwoben von *Donis* (LT). *TRAD.ATTACK!* (EE) *(Foto)* machen sie zu explosiven Klangperlen, Metal-verstärkt donnern sie bei *Skyforger* (LV) und *Obtest* (LT).

2 Pfiffig

Gründerfieber Etwas auszutüfteln, **die** App, auf die jeder wartet, ist Teil der baltischen DNS. Meist neben dem eigentlichen Job. Doch immer mehr gründen, motiviert von den eigenen Erfolgsgeschichten (s. u.), das eigene Start-up. Estland ist aktuell Europas unternehmerischstes Land, Lettland folgt als drittes. Der baltische Alltag (und nicht nur der) ist ohne die eigenen Apps kaum mehr vorstellbar: Man konferiert über *skype*, verabredet sich über *freundeweb*, shoppt auf *kleiderkreisel*, bucht das Taxi mit *taxify*. Angeln wird fast schon langweilig, wenn die App – *deeper* – verrät, wo die Fische schwimmen.

3 This Chef is on Fire

Kochlust Baltische Küche geht nicht nur rustikal, *fine dining* boomt und gehört für immer mehr Balten zum Lifestyle. Die jungen Spitzenköche verwenden, inspiriert von Omas und der neuen nordischen Küche, bevorzugt Frisches aus dem Wald und vom nahen Bauern. Die Alchimisten in *NOA Chef's Hall (Ranna Tee 3 | Tallinn)* verwandeln rohe Produkte mit offenem Feuer in Kostbarkeiten. Das *Kannas (Annas Muiža | Zaube)* beim Gauja-Nationalpark feiert die Geschmäcker des Walds, aus Birkensaft wird Fleischglasur. Im *Nüman (Nemuno g. 43 | Kaunas)* wird die Philosophie des legendären dänischen Noma mit litauischem Touch fortgesetzt.

4

Versumpfen? Aber gern!

Bogshoeing Im Baltikum kann es ganz schön nass sein – vor allem an den Füßen. Die Sumpfgebiete sind ideale Rückzugsorte für Schwarzstorch und Co. und werden nun auch von der jungen Generation als Ausflugsziel entdeckt. An die Füße kommen Moorschuhe. Sie bewahren Wanderer ähnlich wie Schneeschuhe vorm Einsinken. *360° (Sõtke | Märjamaa | www.360.ee) (Foto)* organisiert Touren in den Lahemaa- und Kõrvemaapark. Die estnischen *Kaleva Travel Destination Services (www.kalevatravel.ee)* konzentrieren sich auf die Region Rääma. Die *Sumpfbräute (Facebook: purvubrideji.lv)* stapfen durch Rīgas Feuchtgebiete. Wer auf eigene Faust die Region erkunden will, folgt dem *Viru Bog Nature Trail (im Lahemaa-Nationalpark),* der auf Holzstegen durchs Moor führt, ohne der Natur allzu nahe zu kommen.

5

Hipsterville

Viertel Zeitgleich entwickeln sich im Baltikum ganze Nachbarschaften zu Boheme-Vierteln. Eine Art Montmartre im Kleinen ist *Užupis (Foto)* in Vilnius. Dabei handelt es sich bei dem Stadtteil sogar um eine eigene Republik samt Präsident und Gesetzen. Im lettischen Rīga hat sich um die *Miera (facebook.com/Mieriela)* und *Tallinas Iela* eine bunte Künstlerwelt entwickelt. Und in *Kalamaja* in Tallinn trifft alternative auf Hipster-Szene mit viel Freiraum für Kunst, Nachtleben und Lifestyle.

FAKTEN, MENSCHEN & NEWS

BABYLON IM BALTIKUM

Drei Völker, drei Sprachen. Und jede von ihnen so eigentümlich, dass ein Lette einen Esten nicht versteht und der wiederum mit einem Litauer kaum ein Wort zu wechseln vermag. Litauisch ist ein lebendes Fossil. Gemeinsam mit dem Lettischen den Zweig der baltischen Sprachenfamilie bildend steht Litauisch der indogermanischen Ursprache Sanskrit nahe. Für Ausländer ein Buch mit sieben Siegeln: Sieben Fälle hat das Litauische nämlich, eine Lautstruktur aus 59 Phonemen und Klippen, an denen selbst Begabte verzweifeln. Das Lettische kommt ihm noch am nächsten, doch beide Sprachen haben sich in den Jahrhunderten stark auseinanderentwickelt. Völlig aus dem Rahmen fällt Estnisch. Es gehört der finno-ugrischen Sprachfamilie an, verwandt also mit dem Finnischen und dem Ungarischen. Wer Estnisch lernen will, hat sich viel vorgenommen: Zwar gibt es weder Futur noch Präpositionen, Zischlaute auch keine. Dafür um so mehr Vokale und ganze 14 (!) Fälle.

Mit Russisch haben die drei Sprachen des Baltikums rein gar nichts zu tun. Doch ausgerechnet der ungeliebten Sprache des östlichen Nachbarn fällt im Alltag die Rolle der Lingua franca zu. Wobei sich die Befindlichkeiten hier auch spürbar gelegt haben: Sprache dient der Verständigung; ein neuer Pragmatismus setzt sich durch. Viele junge Balten haben zwar mit Russisch nur noch wenig am Hut, sie sprechen lieber Englisch. Andererseits nimmt auch die Zahl der

Bild: Mittsommerfest am Strand von Jūrmala

Warum man im Baltikum mehr singt als redet, zu Mittsommer an der nächsten Generation arbeitet und die Steuern per Handy erledigt

Schüler, die an baltischen Schulen Russisch lernen, inzwischen wieder zu. Am Narva College in Nordost-Estland wird sogar gleichberechtigt in Estnisch, Englisch und Russisch gelehrt.

KREUZZUG IN DEN NORDOSTEN

Dänen, Schweden, Polen, Russen – sie alle zogen durch die baltischen Länder und beherrschten das Gebiet für eine gewisse Zeit. Doch Siedler aus Deutschland waren es, die der Region ihren Stempel aufdrückten. Sie kamen vom 12. Jh. an ins Baltikum: Einige waren beseelt vom Kreuzzugaufruf des Papstes (1199), andere wollten schlicht eine neue Heimat finden. Um den Kreuzzug auch militärisch durchsetzen zu können, wurde 1202 der Schwertbrüderorden gegründet. Aus diesen Rittern ging der deutschbaltische Adel hervor, der ein Großteil der Ländereien in Besitz nahm. Selbst im Zarenreich blieb die Vorrangstellung der Deutschbalten bestehen. Erst nach dem Ersten Weltkrieg verloren diese Grundherren ihre Vorrechte. Die deutsche Geschichte im Baltikum endete mit dem Hitler-Stalin-Pakt. Damals holte Hitler die Deutschen aus dem Baltikum, um freie Bahn für seine eigentlichen Pläne, den Feldzug gegen die Sowjetunion, zu haben. Die meisten Deutschen leben heute noch im ehemals ostpreußischen Memelland und Litauen. Ihr kulturelles Zentrum ist das Simon-Dach-Haus *(www.sdh.lt)*.

SCHÖNER WOHNEN IN HOLZ

Sie verschwinden immer mehr aus den Zentren, aber an den Rändern und in kleineren Städten prägen sie immer noch das Bild: die typischen hölzernen Wohnhäuser, wie man sie auch aus Skandinavien kennt. Holz ist der traditionelle Baustoff Nummer eins für die Balten. Wenn wie im estnischen Badeort Pärnu ganze Straßenzüge aus diesen Holzfassaden bestehen, dann ergibt sich eine gemütliche, fast zeitvergessene Atmosphäre. Schöne Beispiele für den baltischen Baustil gibt es auch im Tallinner Stadtteil Kalamaja, im litauischen Kedainiai und in Rīgas Pardaugava, in allen Stadien zwischen Pracht und Verfall. Doch nirgendwo im Baltikum blieb ein derart geschlossenes Ensemble alter Holzhäuser aus dem 18. und 19. Jh. erhalten wie in Kuldīga. In der Kleinstadt in der lettischen Provinz Kurzeme (Kurland), die oft Drehort historischer Filme war, hat man das Gefühl, einer versunkenen Zeit auf der Spur zu sein

ALT, LAND, ARM

Der Durchschnittslohn liegt in den baltischen Staaten nach kräftigen Steigerungen in den letzten drei Jahren mittlerweile bei 900 (Litauen) bis 1300 (Estland) Euro. Viele verdienen noch etwas dazu, vor allem junge, gut ausgebildete Leute haben oft mehrere Jobs oder gar Firmen. Sie sind diejenigen, die sich den Wohlstand leisten können, über den sich Besucher speziell in den Hauptstädten wundern. Arm dran sind alle die, die nicht über die nötige Beweglichkeit für die baltische Radikalmarktwirtschaft verfügen. Armut herrscht vielerorts auf dem Land. Verlierer sind auch die alten Menschen. Die mageren Renten reichen nur für ein bescheidenes Leben, viele Rentner arbeiten so lange sie können.

HELLE NÄCHTE, VIELE KINDER

Überall im Baltikum wird die Sommersonnenwende ausgelassen gefeiert. Allerorten brennen in der Nacht vom 23. auf den 24. Juni die Johannisfeuer, man tanzt in bunten Trachten und singt die alten Volkslieder, es gibt spezielle Speisen und Biersorten, die eigens zum „Johannisfest" gebraut werden. Wer in dieser Nacht schläft, wird ein Jahr lang nicht viel Glück haben, heißt es. Das Feiern der Mittsommernacht wurzelt in einem alten heidnischen Brauch, in allen drei baltischen Republiken ist es das beliebteste Fest des Jahres. Der Legende nach können in der kürzesten Nacht des Jahres die Tiere sprechen. Junge Paare gehen in den Wald, um den sagenhaften blühenden Farn zu suchen. Gefunden hat die Blüte noch niemand, doch neun Monate nach dem Fest werden auffällig viele Kinder geboren ...

WENN DER BÄR MIT DEM FISCHOTTER

Elche, Bären und Luchse sind scheue Einzelgänger. Im Baltikum finden sie reichlich Lebensraum. Die dichten Wälder, riesige Hochmoore und weite, wie unberührt in sich ruhende Ketten eiszeitlicher Seen zählen zu den Kronjuwelen europäischer Naturlandschaften. Ein Traum für Biber, man sieht sie sogar mitten in Rīga. Und besonders viele Vogelarten fühlen sich hier wohl. Heimisch sind im Baltikum freilich noch viel mehr: 355 Vogelarten haben Ornithologen allein in Lettland nachgewiesen, darunter Kostbarkeiten wie Regenbrachvögel, Schelladler, Birkhühner und die scheuen Schwarzstörche, von denen in den lettischen Wäldern über tausend Paare nisten. Die ostlettische Seenplatte birgt die größte Fischotterpopulation des Kontinents, und es streifen auch wieder Bären durch die Wälder. Alle drei Ostseerepubliken haben die kostbarsten Refugien als Nationalparks unter Schutz gestellt. Die 14 Reservate von den Küstenhochmooren Estlands bis zu den tiefen Wäldern im Süden Litauens sind nicht nur Ökoreservate, sondern auch Symbole einer typisch baltischen Naturverehrung.

Das unauffällige Schwarz des Gefieders passt zum Verhalten: Schwarzstörche sind sehr scheu

WO DIE INTROS WOHNEN

Woran erkenne ich das Gemüt eines Esten? Während der introvertierte Este beim Reden auf seine eigenen Schuhe starrt, guckt der extrovertierte auf meine. Ein Litauer gibt Tipps für introvertierte Startup-Manager. Und *#iamintrovert* lautet aktuell der PR-Slogan und Hashtag der lettischen Literatur, Partygänger tragen den Hashtag auf stylishe Hoodies gedruckt, die beste Mikrobrauerei *Malduguns* kredenzt das passende Bier. *#Iamintrovert* taugt als pan-baltisches Lebensmotto. Wer im Gespräch dick aufträgt oder erregt die Stimme erhebt, hat schon verloren. Der schönste Strand ist menschenleer. Gerne reklamiert jedes der drei Völker für sich, das wortkargste zu sein. Bei den Esten heißt es „normaalne", wenn etwas herausragend ist. „Normaalne" bedeutet übersetzt so viel wie: „Cool! Super! Wahnsinn! Krass! Wie toll ist das denn?" Es ist das, was Esten sagen, wenn sie einmal so richtig viel Glück haben. Eine Million im Lotto gewonnen haben zum Beispiel. Oder, als Sportler, eine Goldmedaille bei Olympia. Die einen Tick redseligeren Litauer gelten Letten und Esten schon als südländischaufbrausend. Wenn man sich als Balte mitteilen will, dann lieber in Versform, in Liedern oder Gedichten. Auch Heinz Erhardt, der in Rīga geborene Gutelaunebär des Wirtschaftswunders, teilte die Menschenscheu und Vorliebe für Kurzge-

Lettisches Nationalsymbol: Freiheitsdenkmal in Rīga

dichte: „Wie wär die Welt so wunderbar umspült vom blauen Meer / wenn diese Welt, wie's einstmals war, ganz ohne Menschen wär."

PFIFFERLING & CO.

Der Pilzreichtum der baltischen Wälder ist legendär. Und Pilze sammeln Teil der baltischen DNA. Biologen haben etwa 1200 Arten gezählt, 280 davon sollen genießbar und etwa hundert ziemlich giftig sein. Die Balten behandeln das Waldgemüse als Bodenschatz; und tatsächlich hat es der findige Unternehmer Viliumas Malinauskas mit dem Export von Pilzen zum Millionär gebracht.

In den tiefen Wäldern sprießen im Herbst derart viele Steinpilze, dass im ganzen Land ein nationales Sammelfieber ausbricht. Busladungsweise schwärmen selbst die Hauptstädter dann zur „stillen Jagd" aus, auf den Wochenmärkten türmen sich frische Pilze, und in den Restaurants schmeckt nun vieles nach Pfifferling & Co. Im Dzūkija- und im Gauja-Nationalpark werden Mitte September Pilzfeste gefeiert.

WENN DU RUSSE BIST

Während der Industrialisierung in der Sowjetzeit wurden nicht nur Hunderttausende Balten nach Sibirien verschleppt – Moskau förderte auch massiv die Ansiedlung von Industriearbeitern aus der Sowjetunion im Baltikum.

Während Litauen nach der Wende seiner – zahlenmäßig geringeren – russischsprachigen Minderheit (ca. 8 Prozent der Bevölkerung) automatisch die litauische Staatsbürgerschaft übertrug, verweigerten dies Lettland und Estland (jeweils ca. 26 Prozent). Dabei schwang sicher auch die Hoffnung mit, dass die vom sowjetischen Regime eingebürgerten Russen nun bald wieder gehen würden. Die aber hatten längst Fuß gefasst, Familien gegründet und eine neue Heimat gefunden. Bis heute müssen Angehörige der russischen Minderheit in Lettland und Estland Sprach- und Wissenstests absolvieren, wenn sie einen Pass ihres Heimatlandes erwerben wollen. Lange Jahre vermieden das die meisten: Sie behielten einfach den alten Sowjetpass, oder nutzten ein baltisches Kuriosum, einen sogenannten Nichtbürger-Pass für die

Identifizierung. Erst seit dem EU-Beitritt beantragen Monat für Monat Tausende die Einbürgerung. Kein Wunder: Mit lettischem oder estnischem Pass ist man vollberechtigter EU-Bürger.

LASST UNS SINGEN!

Der Gesang ist tief in den baltischen Völkern verankert. In Zeiten der Unterdrückung waren Sängerfeste Demonstration nationalen Bewusstseins. Bis heute sind sie zentrale Kulturereignisse. Die Tradition nahm ihren Ausgang in Estland: Die Vordenker der nationalen Unabhängigkeit wollten sich nicht nur an die Menschen wenden – die Esten selbst sollten die nationale Idee tausendfach artikulieren. Das erste Liederfest im Baltikum fand 1869 in der Universitätsstadt Tartu statt, 822 Esten stimmten dort „Mu isamaa on minu arm" an: „Mein Vaterland ist meine Liebe". Vier Jahre später sangen in Rīga mehrere Tausend Menschen mit den alten Dainas für die nationale Freiheit. Litauen nahm die Idee auf. Bis heute nehmen Hunderttausende Bürger teil. Die Feste finden alle vier bis fünf Jahre im Sommer statt (s. S. 120).
Ein Glücksfall für die Letten war die Marotte des Mathematikers Krišjānis Barons (1835–1923), überlieferte lettische Lieder aufzuzeichnen. Im Laufe der Zeit kamen anderthalb Millionen meist vierzeilige *Dainas* zusammen – eine der größten Sammlungen mündlicher Überlieferungen der europäischen Geschichte überhaupt.

SCHAUKELN, PUCK UND BASKETBALL

Bei ihren Lieblingssportarten gehen die drei baltischen Republiken eigene Wege. Litauen mischt auf dem Basketballfeld in der Weltliga mit. Schon dreimal holte das Land Olympiabronze, und Spiele des Nationalteams sind absolute Straßenfeger: Jede Kneipe, die etwas auf sich hält, stellt dann einen Bildschirm zum Public Viewing auf: Basketball ist eine Religion in Litauen.
Mit Kristaps Porziņģis ist auch in Lettland ein Basketballer der Sportsuperstar, neben French Open-Siegerin Jeļena Ostapenko. Noch populärer ist jedoch Eishockey. Beliebt sind auch Skeleton- und BMX-Rennen.
Die Esten haben etwas ganz Eigenes kreiert: das Kiiking *(www.kiiking.ee)*. Das heißt auf Estnisch einfach nur „Schaukeln", aber das lässt sich halt richtig in die Höhe treiben. Der Erfinder Ado Kosk verwandelte eine normale Freizeitschaukel mittels Teleskoptechnik in ein Extremsportgerät, um mit möglichst großem Radius einen kompletten Überschlag hinzubekommen. Der aktuelle Rekord liegt bei 7,15 m. Nichts für Angsthasen.

DIGITALE VORREITER

Ob die Steuererklärung am Handy in fünf Minuten ausfüllen und abschicken, mal eben ein Unternehmen gründen oder wählen „gehen": Die meisten (über 600) Behördenvorgänge können die Esten inzwischen papierlos und ganz bequem von Zuhause oder dem Büro aus erledigen. Das schont Wälder und Nerven. Vorreiter der Digitalisierung ist *e-Estonia*. Der estnische Ausweis ist eine Chipkarte, mit der man schon seit 2005 wählen oder Rezepte beim Arzt abrufen kann. Deutschland hinkt dem Nerd der EU digital gute 20 Jahre hinterher.

ESSEN & TRINKEN

Dampfende *Kartoffelklöße*, mit Hackfleisch gefüllt und einer *Specksahnesoße* übergossen? Für eine Diät empfiehlt sich die traditionelle baltische Küche nicht unbedingt, sie ist oft *deftig*, bäuerlich und ziemlich kalorienreich. Doch sie können auch anders zwischen Tallinn, Rīga und Vilnius. *Neunauge mit Wachtelei* und Selleriewurzel? Oder vielleicht lieber kalte Rote-Beete-Suppe mit Kefir?

Auch ***kulinarisch*** haben die drei Ostseerepubliken längst eine ***Wende*** hinter sich. Die Öffnung nach Westen kam da durchaus dem sprichwörtlichen Blick über den Tellerrand gleich. Seither boomt nicht nur in den Hauptstädten eine ***junge***, ***frische***, sich immer wieder wandelnde ***Restaurantszene***. Und kreativ, wie die Balten nun einmal sind, kombinieren junge Starköche wie Orm Oja im Tallinner Noa Chef's Hall oder Ēriks Dreibants raffinierte Gourmetküche in Rīga mit landestypisch bodenständigen Gerichten und Zutaten. ***Regional*** und saisonal kochen immer mehr Spitzenköche, nehmen es aber weniger streng als die Skandinavier.

Natürlich gibt es auch Pizza, Pasta und Hamburger. Die Letten mögen auch die ***georgische Küche***. Und in den Stadtzentren gibt es scheinbar an jeder Ecke ***Döner Kebab***. Doch für die junge urbane Mittelschicht ist ***gutes Essen wichtig*** geworden und Teil einer neuen ***Erlebniskultur***.

Im Alltag vieler Familien freilich sind die Mahlzeiten weniger spektakulär und ähneln dem, was man auch hierzulande kennt und isst. Immer auf den Tisch

Es lebe die Vielfalt: Auf den Tischen der drei Republiken landen Sauerkraut und Sülze neben Craft Beer und Tintenfisch-Porridge

gehört dabei traditionell **Brot**. Es steht überall im Baltikum im Rang eines geradezu ***heiligen Nahrungsmittels***, um das sich viele Sprichwörter und Märchen ranken, „Jätku leiba", sagen etwa die Esten, wenn sie sich guten Appetit wünschen: „Möge euch das Brot reichen." Es gibt viele Sorten, die zu probieren lohnen. Die Letten bevorzugen ihr *Saldskāba maize,* ein dunkles ***Roggenbrot***, oft verfeinert mit dem Nationalgewürz ***Kümmel***, in Estland wird vor allem auf dem Land noch das altbäuerliche, sehr gesunde ***Gerstenbrot*** gebacken. Die Litauer haben eine Schwäche für ***süßere*** Brotsorten, gern mit ***Koriander*** gewürzt.

Bei aller Internationalität, die inzwischen in die baltische Kochkunst einzog, hat sich doch die ***Liebe*** zu den ***traditionellen*** Gerichten behauptet. Estlands Nationalgericht ist nach wie vor ***Sult***: Fleisch in Aspik, Sülze eben, vorzugsweise vom Kalb. Dazu gibt's nach alter Sitte *Hapukapsas,* zu gut Deutsch ***Sauerkraut***. Typisch für die lettische Küche ist die Vorliebe für ***Suppen*** – und fürs ***Säuerliche***. Ihr Natio-

SPEZIALITÄTEN

Aukstais galds (Lettland) – Schälchen mit Häppchen gibt's bei allen baltischen Völkern zu besonderen Anlässen, z. B.: Schinken, gebackener Fisch, Räucheraal, Gurkensalat, Knoblauchbrot
Blynai, Blyneliai (Litauen) – Pfannkuchen mit Fleisch-, Quark- oder Pilzfüllung
Buberts (Lettland) – Cremiger, kalt servierter Weizenpudding
Cepelinai (Litauen) – Star unter baltischen Gerichten: mit Quark oder Fleisch gefüllter, zeppelinförmiger Kartoffelknödel, gekocht; mit Speck, Schmand und Zwiebeln bedeckt (auch *Didžkukuliai*)
Eesti Kali (Estland) – Aus vergorenem Schwarzbrot gebrautes traditionelles Erfrischungsgetränk, löscht gut den Durst und ist alkoholfrei
Jānu siers (Lettland) – Johannistags- oder Sonnwendkäse: trockener Hüttenkäse mit Kümmel verfeinert
Koldūnai (Litauen) – Teigtaschen mit Fleischfüllung
Kringel (Estland/Lettland) – Süßes Mandelgebäck in Brezelform
Krupnikas (Litauen) – Honiglikör, mit Kümmel, Nelken und Ingwer verfeinert
Mulgi kapsad (Estland) – Geschmortes Schweinefleisch mit Sauerkraut
Mulgi puder pekikastmega (Estland) – Südestnischer Kartoffelbrei mit Schinkensud
Negis (Lettland) – Sieht aus wie ein kleiner Aal, ist aber ein Flussneunauge und eine typisch lettische Delikatesse, nahezu grätenfrei. Gewöhnungsbedürftig. Wird auf verschiedene Weise zubereitet von gebraten bis sauer eingelegt
Pīrāgi (Lettland) – Fleischgefüllte Teigtaschen: lettische Piroggen (Foto re.)
Rasols (Lettland) – Kartoffelsalat mit Äpfeln, roter Beete und Mayonnaise
Rūkštynės (Litauen) – Sauerampfersuppe, ein altes Nationalgericht
Šaltibarščiai (Litauen) – Kalter Borschtsch. Erfrischende Sommersuppe mit Roter Beete, Ei und Buttermilch, abgeschmeckt mit Sauerrahm (Foto li.)
Skābu Kāpostu Zupa (Lettland) – Sauerkrautsuppe mit Zwiebeln, Möhren, Tomaten, Schinken und Sauerrahm
Sült (Estland) – Sülze
Suitsukala (Estland) – Räucherfisch, meist Lachs oder Forelle, Spezialität entlang der estnischen Küste
Suktiniai (Litauen) – Fleischrouladen mit Speck oder Ziebeln gefüllt
Zagareliai (Litauen) – Pasteten zum Dessert, evt. mit einem Schuss Rum

nalgericht *Putra*, gekochte **Gerstengrütze**, ist für die Letten erst komplett, wenn sie es kräftig mit **Sauerrahm** abgeschmeckt haben. Die Litauer verehren in ihrer traditionellen Küche die **Kartoffel**. Es gibt angeblich an die hundert Rezepte, doch ganz obenan stehen ohne Zweifel die *Cepelinai*, gekochte **Kartoffelklöße**, mit Hackfleisch, Käse oder **Pilzen** gefüllt und einer sahnigen Specksoße übergossen.

Die Geschichte des Baltikums ist die Geschichte **fremder** Herren, und die prägten natürlich auch die **Küche** der drei Ostseevölker. Aus Deutschland etwa stammt die Tradition der baltischen **Kohlgerichte**, auch den *Kartulisalaad*, wie die Esten ihren geliebten **Kartoffelsalat** nennen, brachten einst deutsche Hansekaufleute mit. Am kräftigsten schmeckt Russland durch, und ob nun **Blini**, die hauchfeinen, herzhaft bis süß gefüllten Pfannkuchen aus Buchweizenteig oder die berühmten **Piroggen**: Russische Nationalgerichte sind auch auf vielen baltischen Speisekarten zu finden und hier längst zu eigenen Kreationen adaptiert. Der beliebteste gemeinsame Nenner der Balten ist die kalte **Rote-Beete-Suppe** mit Dill und Kefir.

Auf dem Land und bei Familienfeiern wird baltische **Hausmannskost** serviert, zubereitet aus frischen Zutaten, wie sie der Garten und die Natur liefern: Gemüsesalate, **Selbstgeräuchertes**, Kräuterquark. Und alles hat seine Saison. Der Frühling an der Küste: **Heringszeit**. Der Herbst liefert frische Pilze aus den tiefen Wäldern. Der Sommer lässt hier **Erdbeeren** reifen, die noch nach Erdbeeren duften und schmecken. Ein Bummel über einen baltischen **Bauernmarkt** wird dann zum Erlebnis für alle Sinne. Bio steht hier nirgends dran. Hier ist das meiste bio.

Die Getränke des Alltags sind neben denen, die man auch aus Deutschland kennt: etwa **Birkensaft**, Kefir und **Kvass**, ein fermentierter Brottrunk, der an Malzbier erinnert, aber weniger süß ist. Man nennt ihn in Lettland **Kvass**, in Estland Kali und in Litauen Gira.

Das Baltikum ist eine **Bierregion**. „Bier ist unser Champagner, jede Familie hat früher ihr Eigenes zu festlichen Anlässen gebraut, oft in der Dampfsauna," erklärt Aigars Ruņģis, dessen Valmiermuizas-Bier in allen drei Ländern beliebt ist. Derzeit entstehen wieder mehr **Kleinbrauereien**, allein in Lettland gibt es 45. Auch Tallinn und Vilnius sind Hotspots der neuen **Craft Beer-Kultur**. Die besten handwerklich arbeitenden Brauereien sind Malduguns, Labietis, Nurme in Lettland, Põhjala, Pühaste und Tanker in Estland sowie Šakiškių und Dundulis in Litauen. Valmiermuiza braut in deutschem Stil. Allgemein trinken die Balten gerne **mildes**, nicht zu hopfiges Bier, im Winter auch gern ein Dunkles. **Wodka** indes, einst von den Tischen jeder Feier nicht wegzudenken, ist auf dem Rückzug.

Baltischer Bodenschatz: Pilze

EINKAUFEN

(Super)marktwirtschaftlich ist das Baltikum längst in Europa angekommen. Von Narva bis Marijampole beherrschen Discounter die Einkaufswelt und bieten eine Warenauswahl, die dem Westen in nichts nachsteht. Im Gegenteil: Einkaufszentren wie das gigantische Akropolis in Vilnius oder das Viru keskus in Tallinn kennt man sonst nur aus Amerika. In diesen Shoppingtempeln, groß wie Flugzeughangars mit bis zu 80 Kassen, in Stahl-Glas-Architektur gehüllt und umschwärmt von Ladenstraßen aus Boutiquen, verbringen baltische Familien ganze Tage. Die meisten Supermärkte haben bis spät abends geöffnet, viele gar bis Mitternacht und sieben Tage die Woche.

KONFEKT

Berühmt waren die baltischen Länder schon zu alten Zeiten für ihr Konfekt. Ob *Kalev* (Estland), *Rūta* (Litauen) oder die legendäre *Laima*-Schokolade (Lettland): süße Tipps, um nach dem Urlaub noch lange an das Baltikum zurückzudenken.

KRÄUTERLIKÖRE

Wollen Sie etwas echt Baltisches mit nach Hause bringen, geht es auch hochprozentig. Die Ostseevölker verstehen sich traditionell sehr gut auf die Herstellung kräftiger, aromatischer Kräuterliköre. Legendär und als Souvenir hochbeliebt ist Rīgas *Schwarzer Balsam*. Auch in Litauen gibt es diesen abgründig dunklen Kräuterschnaps, hier unter der Bezeichnung *Balzamas*. Eine Institution estnischer Spirituosen ist der *Vana Tallinn*. Niemand kann einem so recht sagen, woraus der süße Likör eigentlich besteht, fest steht nur: Er hat's in sich und schmeckt so nachhaltig gut, dass schon die Zaren dafür ihren Wodka stehen ließen. Vorsicht: Kopfwehgefahr!

MÄRKTE

Landestypischer und günstiger als in den westlich gestylten Einkaufszentren geht es auf den traditionellen Märkten (Mo–Sa 9–17 Uhr) zu, die nach wie vor fast allerorten im Baltikum zum Stadtbild gehören. Auf ihnen verkaufen die Bauern und Kleingärtner ihre Produkte. Alles ist frisch, alles ist bio – ohne dass es extra dranstehen muss. Hier gibt es Äpfel, die noch schrumpelig aussehen dürfen, Obst und Gemüse eimerweise, im Herbst Berge von Pilzen. Auf den Märkten schlägt der Puls des baltischen Alltagslebens.

Balsam für Leib und Seele: Die Souvenirs sind so verschieden wie die baltischen Länder, aber wurzeln in lebendigem Kunsthandwerk

Eine Klasse für sich in dieser ursprünglichen Welt des Gebens und Nehmens ist der Zentralmarkt in Rīga. Den größten und ältesten Markt Nordeuropas zu erleben ist eigentlich ein Muss jeder Baltikumreise.

SOUVENIRS

Wer ein typisches baltisches Souvenir sucht, wird in jedem der drei Länder etwas anderes entdecken. In Litauen führt selbstverständlich kaum ein Weg am „Gold der Ostsee" vorbei. Die Bernsteinmeister sind hierzulande wirkliche Könner ihres Fachs. Angeboten wird Bernstein in Litauen in so gut wie jedem Souvenirladen, die größte und schönste Auswahl findet sich an der Küste, bei den Juwelieren der *Bernsteingilde von Palanga*, vor allem in Nida auf der Kurischen Nehrung. Berühmt sind die Litauer auch seit jeher für die Holzschnitzereien, es ist die älteste Tradition ihrer naturreligiös beseelten Volkskunst.

In Lettland und Estland sind die traditionellen Handarbeiten weit verbreitet, von gewebten, fein bestickten Leinentischdecken und Kleidern bis zu den etwas kratzigen, aber originellen Strickpullovern. Aus Lettland sind auch Naturkosmetik und Töpferware gute Mitbringsel.
Immer wieder werden Sie auf Ihrer Baltikumtour erleben, wie sehr traditionelles Weben und Stricken, Schnitzen, Töpfern und Schmieden dort noch zur Alltagskultur gehört. Kein Wunder: Ihre Kunst und Kultur zu bewahren, war in allen drei Ostseerepubliken Teil gelebter nationaler Identität und Zeichen stillen Widerstands gegen die Sowjetisierung.
In Zeiten des aufblühenden Tourismus haben sich viele Kunsthandwerker auf Souvenirs spezialisiert. Das schönste Angebot finden Sie in den großen ethnografischen Freilichtmuseen, die es in allen drei Ländern gibt. Oder besuchen Sie einen der Kunsthandwerksmärkte, die im Sommer im Rahmen vieler baltischer Volksfeste stattfinden.

ESTLAND

Estland (estn.: Eesti) ist so etwas wie das Skandinavien des Baltikums. In der Natur wirkt alles nordischer, Nadelwälder prägen die Landschaft und riesige Hochmoore, in denen Elche hausen. Die Menschen fühlen sich – geografisch, sprachlich und mental – sehr dem benachbarten Finnland verbunden. Esten gelten als Individualisten. Sie sind ruhige Leute, wortkarg, in sich gekehrt. Die Ostsee nennen sie hier „Westmeer".

Estland ist die kleinste der drei Republiken, doch seine verschlungene, inselreiche Küste bringt es auf stolze 3800 km Länge. Sandstrände, von Kiefernwäldern gesäumt, zerklüftete Kalksandkliffe, einsame Inseln. Ein Gesamtkunstwerk baltischer Küstennatur. Welch ein Kontrast zur Hauptstadt. Kopfsteinpflastergassen, von spitzgiebeligen Kaufmannshäusern gesäumt, gotische Kirchtürme, die am Sommerhimmel kratzen: Tallinn darf sich einer der schönsten Altstädte Europas rühmen, hansisch-mittelalterlich geprägt und meisterhaft restauriert. Grauer Sowjetmuff ist einem Mix aus eleganten Läden, Restaurants und trendigen Cafés gewichen, und wenn etwas allgegenwärtig ist, dann das Handy, mit dem man hier sogar die Parkuhr bezahlt, das Taxi, die Kinokarte.

Tallinn ist Estlands Kopf und Herz. Jenseits der Hauptstadt fließt das Leben viel gemächlicher. Doch eines gibt es in diesem ruhigen Land selbst im kleinsten Dorf: Internet for free. Die orange-schwarzen Wifisymbole sind inzwischen fast so typisch estnisch wie die Sängerfeste und die Kornblumen im Mai.

Wo die Ostsee „Westmeer" heißt: Estland fasziniert mit nordischer Natur, viel Küste und der so hanseatisch wie modernen Hauptstadt

NARVA

(141 F2) (🕮 M3) **Wie grimmige Wächter stehen sich in der Stadt im Nordosten der EU zwei mittelalterliche Festungen gegenüber, nur getrennt durch den Narva-Grenzfluss: die estnische Hermannfeste und die Burg Iwangorod auf russischer Seite.**

Sie markieren seit jeher symbolhaft die Kultur- und Wirtschaftsgrenze zwischen Ost und West. Narva wuchs als Estlands Vorposten zu Russland. Vom historischen Kern dieser geschichtsträchtigen Stadt ist leider nicht viel erhalten, das alte Narva wurde 1944 in schweren Kämpfen großenteils zerstört. Heute sind 90 Prozent der etwa 57 000 Einwohner Narvas Russen. Die Atmosphäre hier ist eine gänzlich andere als etwa in Tallinn oder Pärnu, in keiner anderen Stadt Estlands sind die Folgen der spannungsreichen Geschichte mit dem russischen Nachbarn so spürbar gegenwärtig. Gerade dieser Kontrast macht Narva zu einem reizvollen Reiseziel.

SEHENSWERTES

FESTUNG (HERMANNI LINNUS)

Die Festung wurde von den Dänen auf-, vom Deutschen Orden und später den Schweden umgebaut. Die Ordensritter tauften sie Hermannsfeste. 1492 bauten die Russen die Feste Ivangorod am anderen Flussufer. Peter dem Großen gelang es 1704, Narva zu erobern, die eine der am besten gesicherten Festungen Nordeuropas war. Heute birgt das Bauwerk Narvas *Stadtmuseum (www.narvamuuseum.ee)*. Im Burghof hat das letzte „offizielle" Lenindenkmal des Baltikums Asyl gefunden. Noch immer weist der Sowjetführer mit gestrecktem Arm in Richtung Russland – in eine Zukunft, die längst Geschichte ist. Vom Festungsturm aus, *Pikk Hermann* (Langer Hermann) genannt, hat man einen schönen Blick ins Grenzland. Nach dem Burgrundgang können Sie ins mittelalterlich getrimmte Café-Restaurant *Castell (tgl. 10–18, Winter Mi–So 10–18 Uhr | Tel. 3 59 92 30 | €€)* einkehren, im Sommer sitzt es sich schön draußen auf der Terrasse mit Fluss- und Russblick. *Mi–So 10–18 Uhr | Peterburi 2 | Zugang hinterm Petersplatz | bastion.narva.ee (mit virtueller Tour)*

In Pärnus hübscher kleiner Altstadt

KREENHOLM-FABRIK

Wie die Kulisse aus einem Horrorfilm sitzt der rote Industriepalast auf einer Flussinsel, umtost von Wasserfällen der Narva. Von Bremer Kaufleuten gegründet, war das hier mal eine der weltgrößten Textilfabriken mit 12 000 Arbeitern, eine Stadt für sich. Seit der Pleite 2010 ist es ein Industriedenkmal – und einfach beeindruckend. Geführte Touren. *April–Okt. So 12 Uhr | 10 Euro | Joala Tänav 21*

RATHAUS (NARVA RAEKODA)

Erbaut um 1670 im Übergang von Barock und Klassizismus, steht das einstige Rathaus heute als eins der wenigen erhaltenen Gebäude für das alte, im Weltkrieg verbrannte Narva. Es wurde in den 1960er-Jahren nach historischem Vorbild wieder aufgebaut. Acht Wandpilaster zieren die Fassade, von der leider viel Putz und Farbe blättert. *Raekoja platsm*

ESSEN & TRINKEN

RESTAURANT FRANZIA

Das Hauptgericht schwamm kurz zuvor in der Ostsee, klasse Craft Beer, extrovertierter Koch. *Koidu 10 | Narva-Jõesuu | Tel. 4 44 00 38 | Facebook: Franziaresto | €€*

ÜBERNACHTEN

NOORUS SPA HOTEL

Modernes Wellnesshotel direkt am Strand. *114 Zi. | L. Koidula 19d | Narva-Jõesuu / Tel. 3 56 71 00 | www.noorusspahotel.com | €€€*

AUSKUNFT

Peetri 3 | Tel. 3 59 91 37 | tourism.narva.ee

ZIEL IN DER UMGEBUNG

ONTIKA PANKE (141 E1) *(🗺 L3)*
Estlands höchste Steilküste. Bis zu 56 m ragt der *Baltische Glint* bei Ontika (70 km westlich von Narva) über der Ostsee auf, hier stürzt auch der Wasserfall *Valaste* ins Meer (bei Toila östlich von Ontika auf das Schild Valaste Oja achten). Wer länger bleiben möchte: Das INSIDER TIPP *Saka Cliff Hotel & Spa (33 Zi. | Saka Mois | Tel. 3 36 49 00 | www.saka.ee | €€)* auf dem Areal eines restaurierten Gutshofs liegt nahe am Strand und vermietet auch Leihfahrräder sowie einige Caravan-Plätze.

PÄRNU

(139 E5) *(🗺 G6)* ★ **Immer Mitte Juni bekommt der Bürgermeister des früheren Pernau von seinem Tallinner Amtskollegen einen symbolischen Schlüssel überreicht.**
Damit avanciert das Seebad Pärnu (41 000 Einwohner) für einige Wochen zu Estlands offizieller „Sommerhauptstadt". Das Gastspiel währt bis Ende August. Regierungsprogramm ist dann Chillen am breiten, kilometerlangen und windgeschützt gelegenen Strand.

SEHENSWERTES

ALTSTADT (KUNINGA)
Die kleine, im Sommer bevölkerte Altstadt drängt sich auf einer Halbinsel zwischen Strand und Pärnu-Fluss. Haupteinkaufsstraße ist die *Rüütli,* wo Sie zwischen hübschen Holzhäusern, Geschäften und Cafés schön bummeln können und auch die Touristeninformation sowie das Stadtmuseum *(Di–So 11–19 Uhr | 1. Mi im Monat Eintritt frei | Aida 3 | www.parnumuuseum.ee)* finden, interessant für Archäologiefans. Sehenswert:

MARCO POLO HIGHLIGHTS

★ Pärnu
Estlands „Sommerhauptstadt": Baden in einer der schönsten Buchten des Baltikums → S. 37

★ Soomaa
Flüsse, Seen und Hochmoore: Wandern im Nationalpark → S. 40

★ Saaremaa
Estlands größte Insel: Das einstige Ösel ist noch urwüchsiger als die übrige estnische Natur → S. 40

★ Domberg
Den ältesten Teil Tallinns prägt der Lange Hermann, ein Turm aus dem Mittelalter → S. 44

★ Kalamaja
Das Holzhausviertel mit der *Teeliskivi-Kulturfabrik* ist das coolste Viertel des Baltikums → S. 44

★ Kunstmuseum Kumu
Hingucker im historisch geprägten Tallinn: die größte Kunstsammlung des Baltikums im futuristischen Bau → S. 45

★ Lahemaa-Nationalpark
Urwüchsige Natur an der Küste, die Sie zu Fuß entdecken sollten → S. 50

★ Tartu
Die alte Hochschulstadt kämpft um die kulturelle Hoheit → S. 50

das *Mohrsche Haus (Rüütli 21)* mit dem Hufeisen in der Fassade, der *Rote Turm (Punane Torn)* als Rest der mittelalterlichen Stadtmauer und das klassizistische *Rathaus (Raekoda)* mit seiner schönen Tür und Jugendstilanbau an der Ecke Uus/Nikolaistraße. Am westlichen Eingang der Kuninga zeugt das *Tallinner Tor (Tallinna Värav)* als einziges erhaltenes Stadttor von der Befestigungsanlage aus dem 17. Jh.

KIRCHEN

Die 1768 geweihte russisch-orthodoxe Katharinenkirche *(Kathariina kirik | Mo–Fr 11–18, Sa/So 9–18 Uhr | Vee 8)* gilt, obwohl doch eigentlich ein Symbol der zaristisch-russischen Besatzung, als eine der schönsten Barockkirchen Estlands. In der Nähe steht die protestantische Elisabethkirche (1747), gewidmet ebenfalls einer Zarin, nämlich Elisabeth II. Wunderschöne Barockorgel, ein Konzert lohnt sich. *Mo–Sa 12–18, So 10–13 Uhr | Eliisabeti kirik, Nikolai 22*

MUSEUM FÜR MODERNE KUNST (PÄRNU UUE KUNSTI MUUSEUM)

Die einstige Parteizentrale ist heute Kunstzentrum, das auch „Chaplin" genannt wird, und außer Wechselausstellungen auch eins der besten Souvenirgeschäfte des Seebads bietet. *Tgl. 9–21, im Winter 9–19 Uhr | Esplanaadi 10 | www.chaplin.ee*

ESSEN & TRINKEN

NOOT

Wie wäre es mit mal frisch gefangener Flunder in Vanille-Blumenkohl-Sekt-Soße? Hier trifft man sich zum fine dining mit Ökoprodukten aus der Region. *A. H. Tammsaare pst 4a/6 | Tel. 4401017 | www.spaestonia.ee* | €€€

SEEGI MAJA

Spätmittelalterliches Ambiente, passende Speisekarte. Das stilvolle Restaurant in der Altstadt serviert gutes selbstgebrautes Bier und bietet den wohl besten

Feiner Sand, 1 a Meer und Kaffee gibt's auch: Pärnus schöner Strand säumt die Stadt über 3 km

Weinkeller der Stadt. *Hospidali 1 | Tel. 4 43 05 55 | www.stpeterburg.ee | €€*

SUPELSAKSAD

Wunderbares Vintage-Café-Restaurant in einem Holzhaus, mit altem Kamin und Samtsofas. Leckerer Zander und Torten zum Niederknien. *Nikolai 32 | Tel. 4 42 24 48 / www.supelsaksad.ee | €€*

FREIZEIT & SPORT

FAHRRADVERLEIH BALTREISEN

Organisiert auch geführte Touren (Rad & Kanu) in Pärnu und Umgebung, z. B. INSIDER TIPP eine zweistündige Stadttour mit einheimischem Guide *(Anmeldung nötig).* Für eigene Touren gibt's zum Leihrad gute Routentipps und Karten. *Tgl. 10–20 Uhr (Juni–Okt.) | Rüütli 21/ Nikolai 9 (im Hof) | Tel. 56969760 | www.baltreisen.ee*

STRAND

Pärnus 3 km langer Strand, südlich der Altstadt gelegen und von Parks, einer Promenade und historischen Kureinrichtungen gesäumt, ist sauber und feinsandig, perfekt für Familien. Weitere Strände schließen sich südlich an: Auch im 6 km entfernten *Valgerand,* in *Kabli* und *Matsiraand* lässt es sich prima baden.

AM ABEND

Gleich hinterm Sand entlang der Ranna-Straße und in der Altstadt buhlen im Sommer Diskos und Clubs um Publikum, etwa der *Sunset Club (Ranna 3),* der *Sugar Club (Vee tn. 10)* oder die *Aptek (Rüütli 40)*, der stilvollste Club in der ältesten Apotheke.

KONZERTHAUS

Estlands modernstes Konzerthaus bietet im Sommer allabendlich ein Programm von Pop bis Klassik. Auch eine Besichtigungstour hinter die Kulissen lohnt sich. *Aida 4 | Tel. 4 45 58 10 | www.concert.ee*

ÜBERNACHTEN

ESTONIA HOTEL & SPA

Von Natur aus nordisch ist dieses gelungene Spahotel mit Designermöblierung. Die dominierende Farbe ist Greige (graubeige). Schön gestaltetes Spa. Viele Aktivitäten wie Yogakurse. Meditationsraum. *106 Zi. | A. H. Tammsaare pst 4 a/6 | Tel. 4 40 10 17 | www.spaestonia.ee | €€€*

VILLA AMMENDE

Edle, individuell eingerichtete Zimmer in einer Jugendstilvilla mit Garten. Probieren Sie auch die feine mediterrane Küche des Restaurants. *24 Zi. | Mere 7 | Tel. 4 47 38 88 | www.ammende.ee | €€€*

INSIDER TIPP VILLA JOHANNA

Pension in einem schmucken Holzhaus, ruhig gelegen im Ranna-Kurpark zwischen Innenstadt und Strand. Freundliche Gastgeberin, die Zimmer sind gemütlich und urlaubsgroß genug. *11 Zi | Suvituse 6 | Tel. 4 43 83 70 | www.villa-johanna.ee | €€*

AUSKUNFT

Rüütli 16 | Tel. 4 47 30 00 | www.visitparnu.com

ZIELE IN DER UMGEBUNG

KIHNU (139 E5) *(F6)*

Dröhnende Frauenpower begrüßt die Tagesausflügler am Fähranleger von Kihnu: Alte Insulanerinnen in Volkstracht – dicken, gestreiften Röcken – donnern auf wuchtigen Beiwagenmaschinen vorbei. Auf der Insel, von knapp 400 Menschen bewohnt, gibt es über hundert Motorräder. Die zum Teil uralten Krafträder sind auf Kihnu Alltagsverkehrsmittel. Hier werden auch INSIDER TIPP original Kihnu-Pullover von Hand gefertigt. Es gibt nur drei Dörfer und kein Hotel, aber ein kleines Restaurant, das bei Bedarf öffnet. Am Munelaid-Hafen ca. 40 km von Pärnu (Busverbindung!) legt die Fähre *(erstes Schiff nach Kihnu Mo–Sa 8.30, So 10 Uhr, letztes Schiff zurück tgl. 19 Uhr | www.veeteed.com)* ab. Mittwochs fährt eine Fähre auch ab Pärnu um 12.45 Uhr.

SOOMAA-NATIONALPARK (SOOMAA RAHVUSPARK) ★

(140 A–B 4–5) *(🕮 G–H 5–6)*
Land unter in Soomaa – und alle sind glücklich. Während der Schneeschmelze bricht hier oben die fünfte Jahreszeit an. Kein Fasching, nein, wochenlang steht alles unter Wasser und macht aus den 370 km² Nationalpark mit Seen, Flüssen, Mooren, Wäldern eine Zauberwelt. Und man fragt sich, was die felligen Anwohner, Marderhund, Luchs, Braunbär, Elch, Wolf, wohl dann tun. Im Rest des Jahres kann man im Reservat wandern, durchs Moor stapfen mit *Bogshoes*,paddeln oder einfach die Natur genießen. Das Infozentrum *(Tel. 4357164 | www.kaitsealad.ee, visitsoomaa.com)* liegt mitten im Wald hinter dem Dorf *Tipu*, etwa 55 km östlich von Pärnu. Dort starten Sie Ihre Tour am besten. Perfekte Unterkunft im Park: *Riisa Rantšo | 5 Zi. | Riisa küla | Tel. 56694270 | riisarantso.ee | €*
Das INSIDER TIPP Ökotourismus-Zentrum *Soomaa.com* hält das ganze Jahr über ein großes Aktivprogramm bereit von Kanutrails bis zu Workshops zum Einbaum-Bau und vermittelt Holzhäuser mitten in der Wildnis. *Tel. 5061896 | Saarisoo | www.soomaa.com*

LOW BUDG€T

The Monk's Bunk in Tallinn ist nichts für den Schönheitsschlaf. Jeden Abend ist Party. Geschlafen wird im großen Saal. Muss man mögen. Aber man trifft oft interessante Leute und bekommt manchen Reisetipp gratis. *Tatari 1 | toth.ee/themonksbunk*

Die schönsten Dinge in Tallinn sind umsonst, z. B. moderne Kunst in der *Tallinn City Gallery (Harju 13)* und der *Art Hall Gallery (Vabaduse väljak 6)* am Freiheitsplatz. *www.kunstihoone.ee*

Wenn der große Hunger kommt: Leckere Pfannkuchen in XXL-Portionen gibt's in Tallinn supergünstig bei *Kompressor*, eine der beliebtesten Studentenfutterstellen der Stadt. *Rataskaevu 3 | Tel. 6464210 | kompressorpub.ee*

SAAREMAA

(138 A–C 4–6) *(🕮 C–E 5–7)* ★ ● **Zerklüftete Buchten, von Kiefernwald gesäumt, Sandstrände und wildromantische Kliffe, Wacholderheiden, Schotterwege statt Asphalt.**
Auf Saaremaa (früher Ösel), der größten der rund 1500 estnischen Inseln, ist alles noch ein bisschen urwüchsiger, noch einsamer als auf dem Festland. Zu sowjetischer Zeit war Saaremaa Militärsperrgebiet. Seit dem Abzug der Besatzer hat sich die „Inselhauptstadt" Kuressaare in ein kleines Zentrum des Wellnesstourismus verwandelt. Anreise mit der Autofähre *(2 Personen und PKW 14,40 Euro | Abfahrten unter www.praamid.ee)*, die das Städtchen Virtsu im Zweistundentakt mit der vorgelagerten Insel Muhu

verbindet, von der ein schmaler Damm nach Saaremaa führt. Von Tallinn aus gibt's auch Flüge *(sll.flights/en/booking)*.

ZIELE AUF SAAREMAA

BÄRENSEE (KARUJÄRV)

Traumhafter Badesee mit Sandstrand mitten in einem Naturschutzgebiet, umgeben von Wald und wilden Beerensträuchern. *Ca. 22 km nordwestlich von Kuressaare hinter Kärdla*

KURESSAARE

Wahrzeichen der beschaulichen Inselhauptstadt (13 600 Ew.) ist die kompakte, würfelförmige *Bischofsburg (Kuressaare linnus)* aus dem 14. Jh., einst erbaut als Residenz des westestnischen Bischofs. Original erhalten: das auf massiven Pfeilern ruhende Kreuzgewölbe des alten Refektoriums. Im Inneren bewahrt das *Saaremaa-Museum (Mai–Aug. tgl., sonst Mi–So 10–18 Uhr | www.saaremaamuuseum.ee)* die Burg-, Stadt- und Inselgeschichte.

LEUCHTTURM SÕRVE

53 m hoch und am südlichsten Zipfel der Insel. Weiter Blick von oben. *Mai–Sept. 10–19 Uhr | Sääre Küla*

MIHKLI-BAUERNMUSEUM

Das Haus musste nicht erst umgebaut werden: Möbel und Gegenstände aus acht Generationen wurden einfach aufbewahrt. *Mai–Aug. tgl. 10–18, Sept./Okt. Mi–So 10–18 Uhr | im Dorf Viki kurz vor Kihelkonna | www.saaremaamuuseum.ee*

SUURIKU-KLIPPE

Die raue Seite Saaremaas. Vom 20 m hohen Kliff im Nordwesten der Insel (50 km von Kuressaare) hat man einen phantastischen Blick auf die Ostsee. Nahe der Steilküste gibt's einen netten Ferienhof am See mit Blockhütten, das *Pidula Forell (11*

Augen auf beim Wandern im Soomaa-Nationalpark! Nicht, dass Sie Luchs, Adler und Co. verpassen

Wer ihren Leuchtturm Kopu erklimmt, verschafft sich den besten Überblick über die Insel Hiiumaa

Hütten, 33 Zi. | Kallaste | Tel. 56 21 37 43 | pidulaforell.ee), mit großem Aktivangebot von paddeln über angeln bis zum Tauchausflug ans Meer. Der See soll sogar Heilwasserqualität (laut Inhaberin) besitzen. Den Forellen geht's also gut ..., solange sie nicht geangelt werden.

WINDMÜHLEN

Noch fünf von einst 800 Getreidemühlen haben überlebt. Vier sind aktiv und zu einem Museum zusammengefasst beim Dorf Angla. Natürlich wird auch Brot gebacken. *www.anglatuulik.eu*

ESSEN & TRINKEN

GEORG OTS SPA RESTAURANT

So geht Restaurant heute: Frische Zutaten vom nahen Bauernhof, raffiniert zubereitet, aber ohne Chichi. Kindermenü, Craft Beer, Ösel Gin von der Insel. *Tori 2 | Tel. 4 55 00 00 | www.gospa.ee |* €€

EINKAUFEN

Wacholderbäume überall. Selbst beim Absacker trifft man auf sie: im kultigen INSIDER TIPP Ösel Dry Gin. Gutes Mitbringsel. Erhältlich direkt in der Brennerei *Lahhentagge (Veski 9 | www.lahhentagge.com)* im ältesten Speicherhaus Kuressaares.

STRAND

In Kuressaare liegt ein Sandstrand hinter der Bischofsburg. Einsame, raue Buchten gibt's an der Nordküste zwischen Leisi und Metsküla.

AM ABEND

VAEKOJA

Dieser populäre und urgemütliche Pub residiert in einem historischen Wiegehaus aus dem Jahr 1666. Auch warme

Speisen. *Tgl. ab 10 Uhr | Tallinna 3 | Kuressaare*

ÜBERNACHTEN

GEORG OTS SPA HOTELL
Kuressaares feines Spa-Hotel verwöhnt seine Gäste mit Hallenbad, Wellnesscenter und Kuranwendungen. *91 Zi. | Tori 2 | Tel. 4 55 00 00 | www.gospa.ee | €€€*

INSIDER TIPP ARNO
Kleine Studios mit Küchenzeile zentral in Kuressaare zu einem unschlagbaren Preis. Zu buchen z. B. über *booking.com. 4 Apts., 2 Zi. | Uus 47 | Tel. 5 09 29 31 | €*

PÄDASTE
Unverstellter Ostseeblick, von Wald gesäumt: schon die Lage ist ein Traum! Übernachten in einem nobel restaurierten Feriengutshof auf der kleinen Insel Muhu, einer Art (bewohntem!) Freilichtmuseum estländischer Küstenkultur. *9 Zi. | Pädaste Mõis | Muhu | Tel. 4 54 88 00 | www.padaste.ee | €€€*

AUSKUNFT

Tallinna 2, Kuressaare | Tel. 4 53 31 20 | www.saaremaa.ee

ZIEL IN DER UMGEBUNG

HIIUMAA (138 A–C 2–3) *(D–E 4–5)*
Saaremaas Nachbarinsel, die zweitgrößte Estlands (1023 km^2, 12 000 Ew.), war einst von schwedischen Bauern besiedelt. Zu Zeiten der Hanse war Hiumaa auch als Piratennest berüchtigt. Alles lange vorbei. Zwei Drittel der wildromantischen Insel sind bewaldet, der Rest: Moore, Wacholderheiden, Dünen. Sehenswert: das Dörfchen Kassari und der 37 m hohe Leuchtturm Kopu, ältestes Leuchtfeuer des Baltikums. Sie können hinaufsteigen, die Aussicht ist grandios. Das ganzjährig geöffnete *Hotel Liilia (Hiiu 22 | Käina | Tel. 4 63 61 46 | www.liiliahotell.ee | €€)* bietet elf einfach möblierte Zimmer und ein solides Restaurant. Im Hotel kann man Fahrräder leihen und Boote mieten. Eine Fähre fährt von Triigi bei Leisi nach Sõru. *Überfahrt 1 Std.; Abfahrt ab Triigi 9.30, 13.30, 20 Uhr; Rückfahrt 8.15, 12, 18.30 Uhr (im Sommer) | www.veeteed.com*

TALLINN

KARTE IM HINTEREN UMSCHLAG
(139 E–F1) *(G3)* **Tallinn ist musealer Hansespeicher, Wohnzimmer der Boheme und Labor der digitalen Zukunft – eine quirlige, von skandinavischem Flair durchwehte Metropole (450 000 Ew.), in der Mittelalter und Moderne miteinander verschmelzen, als spielte Geschichte mit der Gegenwart Versteck.**

WOHIN ZUERST?
Freiheitsplatz (Vadabuse väljak): Zentraler Ausgangspunkt, um Tallinn zu erleben, ist der belebte Freiheitsplatz am südlichen Rand der Altstadt. Von hier aus lässt sich das Wichtigste zu Fuß erreichen. Die meisten Buslinien und Straßenbahnen führen dort vorbei *(Haltestelle Vadabuse väljak)*. Mit dem Auto steuert man die Stadt besser nicht an. Wer mit dem Zug ankommt: vom Hauptbahnhof drei Haltestellen mit der Straßenbahn *(Linie 1)* bis zum *Rathausplatz (Raekoja plats)*

In den winkligen Gassen des einstigen Reval spazieren Besucher wie durch ein Freilichtmuseum historischer Baukunst, schauen auf zu den akribisch restaurierten Fassaden gotischer Kaufmannshäuser, den Giebeln, den Türmen, den wehrhaften Mauern. 700 Jahre Architekturgeschichte stehen hier wie zusammengewürfelt und die Unesco erhob ● Tallinns Altstadt *Vanalinn* komplett in den Adelsstand des Weltkulturerbes.
Rings um den Rathausmarkt geht es im Sommer reichlich touristisch zu zwischen all den Kunsthandwerksläden, Souvenirständen und Straßencafés. Entspannter ist etwa Kalamaja mit viel Avantgarde-Charme. Es fällt leicht, sich wohlzufühlen in der zugleich alten und jungen Stadt, deren Kneipen, Clubs und Bars abends zu einem pulsierenden Nachtleben erwachen.
Tallinns Altstadt ist zweigeteilt. Der Domberg *(Toompea)* im Südwesten gilt als ursprünglicher Stadtkern. Hier, um die alte Ordensburg und die Domkirche herum, wohnten einst der Adel und der Klerus, schauten sozusagen herab auf die hansischen Kaufleute und Handwerker in der Unterstadt. Oben saß die Macht, unten das Geschäft. Und beide Teile von Vanalinn haben bis heute ihren ganz eigenen Charakter bewahrt. Ausführliche Informationen auch im MARCO POLO „Tallinn".

SEHENSWERTES

DOMBERG (TOOMPEA) ★
Tallinns Domberg – Wahrzeichen der Stadt – ist ein wichtiger Schauplatz des estnischen Gründungsepos *Kalevipoeg:* Der Sage nach soll der Kalkberg die Grabstätte der finnisch-estnischen Gestalt Kalev sein. Ursprünglich lag hier eine altestnische Siedlung, bevor erst die Dänen, dann die deutschen Ritter darauf eine Burg errichteten. Die wichtigste Sehenswürdigkeit des Bergs ist der *Lange Hermann (Pikk Hermann)*, größter erhaltener Turm der alten Burg (13. Jh.). Teile der Anlage wichen dem *Schloss* Katharinas II., in dem heute das estnische Parlament *(Riigikogu | Lossi plats 1a)* seinen Sitz hat. Gegenüber steht ein weiteres markantes Bauwerk aus der Zarenzeit: die orthodoxe *Alexander-Newski-Kathedrale (Alexander-Nevski-katedraal | tgl. 8–19 Uhr)*, die gegen Ende des 19. Jhs. gebaut wurde. Älter noch (13. Jh.) ist die *Domkirche (Toom kirik | Di–So 9–16 Uhr | Toomkooli 6)*, eines der frühesten Gotteshäuser Estlands.

GILDEHÄUSER
Die deutschen Gilden der Kaufleute und Handwerker bestimmten früher die Geschäfte: Das *Haus der Großen Gilde (Suurgildi hoone | Pikk 17)* von 1410, einst die mächtigste Kaufmannsorganisation, ist heute ein Museum. Im *Schwarzhäupterhaus (Mustpeade vennaskonna maja | Pikk 26)* versammelten sich die ledigen Kaufleute.

KALAMAJA ★
Das kreative Herz Tallinns schlägt nordöstlich der Altstadt im Kalamaja-Viertel,

auch Hipsterville genannt. Die früher von Fischern bewohnten Holzhäuser zogen erst Studenten und Weltverbesserer an. Dann kamen nachhaltige Läden, viele gute Cafés und Kneipen, Galerien. *Telliskivi (telliskivi.cc)* ist so etwas wie das Portal von Kalamaja, schafft den geschmeidigen Übergang von Altstadt und

Auch oben eine Augenweide: Tallinns Altstadt mit wunderschöner Dächerlandschaft

Hafen zum Holzhausdistrikt. In der stillgelegten Werkstatt für Lokomotiven neben dem Bahnhof hat sich die alternative Kulturszene angesiedelt. Sie ist gleichzeitig der Treff der Hipster und Startrampe für IT-Unternehmen. Wegen seiner Fassade nennt man das Areal „Ziegelstein" – estn. Telliskivi. Täglich gibt es hier Theateraufführungen, Straßenkunst, Konzerte oder Partys. In den Läden verkaufen junge Modemacher und Kunsthandwerker; es gibt ein Dutzend Kneipen, Restaurants und einen täglichen Street Food-Markt. Samstags findet hier der beste Flohmarkt des Baltikums statt. Besonders: Die 250 Kunstinitiativen und Unternehmen verpflichten sich zu sozial und ökologisch nachhaltigem Handeln und Telliskivi kommt ohne jede staatliche Förderung aus.

KATHARINENTAL (KADRIORG)

Was für eine Verschwendung! Katharina, der Zar Peter I. diesen Palast erbauen ließ, nutzte ihn nie wirklich. Heute ist hier u. a. eine Filiale des *Kunstmuseums (Kadriorgu Kunstimuuseum | Di–So 10–17 Uhr | Weizenbergi 37 | www.ekm.ee)* untergebracht. Im früheren Kanzleigebäude residiert Estlands Staatspräsident. Blumengarten und Schlosspark laden zum Flanieren ein.

KUNSTMUSEUM KUMU (EESTI KUNSTIMUUSEUM) ★ ●

Kumu heißt der Hotspot der Tallinner Kulturlandschaft. Schon äußerlich zieht der futuristisch-spitzwinklige Bau, ein Werk des Finnen Pekka Vapaavuori, alle Blicke auf sich. Hinter der Kalksteinfassade birgt das Kunstimuuseum auf

Pastell-Power: Bei Sonnenuntergang wirkt Tallinns Rathausplatz noch malerischer als tagsüber

sieben Stockwerken und 15 000 m^2 die größte Kunstsammlung des Baltikums – fast 60 000 Bilder, Grafiken, Plastiken, Drucke. Das *Kumu* steht am Rand des Stadtparks Kadriorg nahe dem Präsidentenpalast. *Mai–Sept. Di–So 10–17, Okt.–April Mi–So 10–17 Uhr | Weizenbergi 34 | www.ekm.ee*

MEERESMUSEUM/SEEFLUGHAFEN (EESTI MEREMUUSEUM/ LENNUSADAM)

Das Estnische Meeresmuseum ist in den alten Hangars des Tallinner Seeflughafens aus der Zarenzeit untergebracht. Historische Flugzeuge und Schiffe, wie das Wrack eines Frachtseglers aus dem 16. Jh. und das 1937 gebaute kolossale U-Boot „Lembit" – weltältestes Kriegsschiff, noch voll funktionstüchtig. Für Kinder gibt es schöne Mitmachaktionen. Mit Café und Sommerterrasse. *Di–So 10–19 Uhr | Vesilennuki tee 6 | www.lennusadam.eu*

NIKOLAIKIRCHE (NIGULISTE KIRIK)

Den spätgotischen Bau (13. Jh.) spendierten westfälische Kaufleute, Nikolaus ist Schutzpatron der Kaufleute und Seefahrer. Heute ist es ein Museum, dessen Prunkstücke die besondere Verbindung zu Lübeck belegen: Eine Replika des Lübecker Totentanzes – ein Altarbild, und der Hochaltar aus Lübeck, mit der ältesten erhaltenen Lübecker Stadtansicht. *Mi–So 10–17 Uhr | Niguliste 3 | Führungen auf Englisch, buchbar unter Tel. 6 44 99 03 | www.ekm.ee*

RATHAUS, RATHAUSPLATZ (RAEKODA, RAEKOJA PLATS) ●

Der Rathausplatz ist damals wie heute Schnittpunkt des städtischen Lebens. Im Sommer finden Feste statt, Cafés stellen Tische ins Freie. Das Rathaus selbst ist das einzig erhaltene gotische Rathaus (1402) des Baltikums. Ganz oben über dem achteckigen Turm auf der Ostseite bewacht der *Alte Thomas*, eine Wetterfahne, die Stadt. Die Besichtigung des prachtvollen Inneren aus der Hansezeit lohnt. Ebenfalls sehenswert: die Alte Apotheke *(Raekoja plats 11)*.

STADTMAUER (LINNA MÜÜR)

Vom 13. Jh. an wurde die Unterstadt in die Burgbefestigung auf dem Domberg integriert, die Mauer dafür erweitert. Am Ende stand eines der größten Bollwerke des nordeuropäischen Mittelalters: 3 m dick, 16 m hoch, 46 Wehrtürme. Gut die Hälfte des Bauwerks ist erhalten und an mehreren Stellen begehbar *(Nunne-Str.)*. Sehenswerte Türme: *Kiek in de Kök | Mägdeturm (Neitsitorn) | Dicke Margarete mit Seefahrtsmuseum (Mi–So 10–18 Uhr)*.

ESSEN & TRINKEN

KLAUS KOHVIK

Behagliches Café und Fischbistro am Fischereihafen. Regionale Zutaten mit asiatischem Touch zubereitet. Direkt daneben ist samstags der Fischmarkt. *Kalasadama 3 | klauskohvik.ee |* €

MAIASMOKK

Tallinns ältestes Café (1864) ist eine Institution. Jugendstil trifft Nostalgie. *Pikk 16 | Tel. 6 46 40 66 | www.kohvikmaiasmokk.ee |* €€

MEKK

Neu interpretierte estnische Klassiker wie geschmorter Rinderbauch oder Räucheraal, weitgehend saisonal-regional. *Suur-Karja 17 | Tel. 6 80 66 88 | www.mekk.ee |* €€€

MUST PUUDEL

Bistro zum Versacken in farbenfrohem Vintage Chic mit gemütlichem Innenhof. Leckere Bruschette und Burger, gute Getränkekarte *Müürivahe 20 | Facebook: Mustpuudel |* €€

NOA RESTORAN

Bevorzugt auf offenem Feuer wird hier aus frischen Zutaten innovative Kochkunst. Zum Hauptgang etwa Tintenfisch-Porridge mit in Miso mariniertem Eigelb, die Tinte als Soße. Chillige Stimmung, offene Glasfront zur Ostsee mit Blick auf Tallinns Skyline. *Ranna Tee 3 | Tel. 5 08 05 89 | www.noaresto.ee |* €€€

INSIDER TIPP PIERRE

Herrlich altmodisches, sofagemütliches Café im Winkel des Meisterhofs, Schokolade in immer neuen Kreationen, die Marzipantrüffel sind ein Gedicht. *Vene 6 | Meistrite Hoov | Tel. 6 41 80 61 | www.pierre.ee |* €€

SEIKLUSJUTTE MAALT JA MEERELT

„Abenteuer zu Lande und zu Wasser" bedeutet der Name des Lokals. Die Gerichte auf der Speisekarte der urigen Gaststätte sind Abenteuerromanen nachempfunden, probieren Sie doch mal „Kapitän Nemos Hühnerfilet". *Tartu 44 | Tel. 6 01 07 63 | www.seiklusjutte.ee |* €€

TROIKA

Tallinns vielleicht bestes russisches Restaurant. Hauchzarte Blini mit Kaviar, köstlicher Borschtsch, 50 Sorten Wodka. Dazu Akkordeonmusik live. *Raekoja plats 15 | Tel. 6 27 62 45 | www.troika.ee |* €€

VANAEMA JUURES

Wie „Bei Oma" heißt das beliebte Kellerrestaurant, man sitzt man zwischen 1920er-Jahre-Mobiliar. Die Küche: estnisch, von Elchbraten bis zu (wirklich leckeren!) „Großmutters Pfannkuchen". *Rataskaevu 10 | Tel. 6 26 90 80 |* €€

EINKAUFEN

Haupteinkaufsstraße des modernen Tallinns ist die *Viru*. Größtes Angebot auch an internationalen Modelabels finden Sie hier im Einkaufstempel *Viru Keskus (tgl. 9–21 Uhr | Viru väljak 4/6 bzw. Gonsiori 2 | www.virukeskus.com)*. Entspannter shoppt man in den kleinen Läden Telliskivis. Ansonsten stolpert man in der touristisch präparierten Altstadt von einem Kunsthandwerksladen *(Käsitöö)* in den nächsten.

BOGAPOTT

Estnische Keramik direkt aus der Werkstatt. Man schaut den Töpfern bei der Arbeit zu, ein gemütliches Café nebenan ist das Richtige für eine Pause vom Stadtbummel. *Tgl. 10–18 Uhr | Pikk jalg 9 | tgl. 10–18 Uhr | www.bogapott.ee*

EESTI KÄSITÖÖ

Echte, garantiert in Estland handgefertigte Souvenirs, von Leinenkleidung bis Keramik, gibt es in den Läden der Vereinigung der estnischen Kunsthandwerker. *Vene 12 (Mo–Sa 10–18, So bis 17) u. Pikk 22 (Mo–Sa 10–19, So bis 17) | folkart.ee*

INSIDER TIPP KATHARINENGILDE (KATARIINA GILD)

Gern und geduldig lassen sich die Kunsthandwerkerinnen bei der Arbeit zuschauen, und natürlich ist Kunst hier käuflich: Keramik, Glas, Schmuck, Stoffe, Hüte, laute schöne und originelle Sachen. *Tgl. 11–18 Uhr | Vene 12/katariina käik*

Gleich nebenan setzt sich die Gilde fort: im kopfsteingepflasterten *Meisterhof (Meistrite hoov | Vene 6)* mit kleinen Läden und Souvenirs.

TELLISKIVI LOOMELINNAK

Schöne inhabergeführte Läden für nachhaltige estnische Produkte – verstreut übers alte Industriegelände: z. B. hochwertige Mode von *Ellen Richard* und *Nordhale*, beide in Estland genäht. Schuhe von *Toku*, Vintage-Fahrräder von *Jooks*, baltisches Design bei *Les Petites*, Designerlampen von *Juheko*. Dazu Bistros und Cafés im Industrialschick für die Shoppingpause. *Die meisten Shops öffnen tgl. ab 11 Uhr | Telliskivi 60 a | telliskivi.cc*

In Tallinns angesagter Creative City Telliskivi kauft und isst das Shoppingvolk hip bis nachhaltig

FREIZEIT & SPORT

CITYBIKE

Tallinns Fahrradprofis! Man kann Bikes fast aller Art (auch mit Anhänger, Tandems, Kinderräder) ausleihen oder geführte Fahrradtouren durch Tallinn und Umgebung buchen. *Vene 33 | Tel. 5 11 18 19 | www.citybike.ee*

KALMA SAUN ●

Kultstätte für eingeschworene Saunierer. Holzbefeuertes traditionelles Saunahaus von 1928. Sauniert wird hier nach Geschlechtern getrennt oder aber in der Privatsauna. *Eintritt Mo–Fr 10, Sa/So 12 Euro, Privatsauna 14 Euro/Std. 2 Pers. | Vana-Kalamaja 9a | Tel. 6 27 18 11 | www.kalmasaun.ee*

AM ABEND

BOTAANIK

Der Negroni schmeckt zum Reinspringen in Tallinns bester Bar. Das Grünzeug ist hier keine Deko. *Suurtüki 2 | www.botaanik.ee*

ESTNISCHE NATIONALOPER (RAHVUSOOPER ESTONIA)

Die Esten sind stolz auf ihre Nationaloper und locken auch weltbekannte Stars in ihr Haus. Oper, Ballett und Performances. *Estonia 4 | Tel. 6 83 12 60 | www.opera.ee*

PHILLY JOE'S

Cooler Jazzclub nahe dem Freiheitsplatz. Gute Akustik und mitreißende Stimmung. *Vabaduse väljak 10 | www.phillyjoes.com*

PUDEL

Bier, Bier und noch mehr Bier auf zwei Etagen im Szenehotspot Telliskivi. Die estnischen Craft-Biere gehören zur europäischen Spitze, und dieses ist ihr Tempel. *Telliskivi 60 a | pudel.ee*

SUUR-KARJA

Die Altstadtstraße, ein Spot des Nachtlebens, führt von der *Bar Nimega* („Bar mit Namen") zur *Bar Nimeta* („Bar ohne Namen"). *Nimega: Suur-Karja 13 | bis 2 Uhr; Nimeta: Suur-Karja 4 | bis 4 Uhr geöffnet*

VON KRAHLI TEATER BAAR

Abends oft tolle estnische Livebands, dann trifft sich hier die Musikszene von Alternativ bis Rock. Auch großzügige Portionen für den großen Hunger zwischendurch. *Rataskaevu 10 | Tel. 6 26 90 90 | www.vonkrahl.ee | €*

ÜBERNACHTEN

DAILY APARTMENTS

Stilvolle Apartments, etwa zweigeschossige Suiten in einer umgebauten Maschinenfabrik von 1881. *24 Apts. | Põhja 23 | Tel. 55 51 77 79 | dailyapartments.ee | €€€*

MERCHANT'S HOUSE HOTEL

Zentraler geht's nicht: Das feine Boutiquehotel in zwei restaurierten mittelalterlichen Kaufmannshäusern liegt nur wenige Schritte vom Rathausplatz entfernt. Allzu groß sind die Zimmer in dem verschachtelten Quartier nicht, aber komfortabel und stilvoll, das Interieur balanciert gekonnt zwischen modern und historisch. Die Zimmer zum Innenhof sind deutlich ruhiger! *37 Zi. | Dunkry 4/6 | Tel. 6 97 75 00 | www.merchantshousehotel.com | €€€*

RAPUNZEL TOWER

Romantische Ferienwohnung in einem der Türme der Stadtmauer. Kamin, Holzdielen und kleiner Balkon zum Haarerunterlassen. *Pikk 62 | Tel. 56 20 06 93 | rapunzeltower.eu | €€€*

ROMEO FAMILY B & B

Das Familienunternehmen vermietet zwölf Apartments in Tallinn, und betreibt in der südlichen Altstadt ein kleines freundliches Hotel. Nicht von der schlichten Bürohausfassade abschrecken lassen! *15 Zi. | Suur Kaja 18 | Tel. 6 64 42 55 | www.romeofamily.ee* | €–€€

INSIDER TIPP **VILLA HORTENSIA**
Kleines Gästehaus direkt im Meisterhof, Lage unschlagbar zentral, Apartments (2 mit Balkon) stilsicher vom Architekten und Besitzer des Hofs eingerichtet. Früh buchen! *7 Zi. | Vene 6 | Tel. 6 41 80 17 | www.hoov.ee* | €€

AUSKUNFT

Niguliste 2 | Tel. 6 45 77 77 | www.tourism.tallinn.ee

ZIEL IN DER UMGEBUNG

ARVO-PÄRT-ZENTRUM (ARVO PÄRDI KESKUS)

Ungewöhnlich, einem lebenden Künstler ein Museum zu widmen. Aber der meistgespielte klassische Komponist der Gegenwart regte das Projekt selber an, auch als Kultur- und musikalisches Begegnungszentrum. Der wunderbar luftige Holz-Glas-Bau im Wald bei Laulasmaa, runde 36 km westlich von Tallinn, ist allein schon den Besuch wert, die Ausstellung gelungen. *Mi–So 12–18 Uhr | Kellasalu tee 3 | www.arvopart.ee*

LAHEMAA-NATIONALPARK (LAHEMAA RAHVUSPARK) ★

(140 B–C1) (*H–J 2–3*)
Der größte und älteste Nationalpark Estlands, ca. 70 km östlich von Tallinn, umfasst auf 725 km² den schönsten Teil der zerklüfteten Nordküste. Lahemaa heißt Buchtenland. Wie Finger ragen die vier großen Halbinseln Pärispea, Käsmu, Vergi und Juminda in die Ostsee hinaus, im Wasser und an Land von zahllosen Findlingen gesämt. Im Hinterland tiefe Kiefernwälder, Hochmoore, Flüsse und 14 Seen, ein urwüchsiges Stück Natur, von der Eiszeit geformt. Elche leben hier, die scheuen Schwarzstörche, Wölfe und sogar Bären. Beeren gibt es natürlich auch, und im Herbst schwärmen die Tallinner hier aus, um Unmengen an Pilzen zu sammeln. Lahemaa zählt aber nicht nur zu den großen Waldlandschaften Europas, sondern birgt mit Kolga, Sagadi und Vihuli auch einige der schönsten baltendeutschen Gutshofsensembles Estlands. Am bekanntesten ist das meisterhaft restaurierte *Herrenhaus Palmse,* in dessen umgebauten Stallgebäude sich auch das *Besucherzentrum des Nationalparks (Lahemaa rahvuspargi looduskeskus | tgl. 9–17 Uhr | www.lahemaa.ee)* befindet. Das ebenfalls sehenswerte spätbarocke INSIDER TIPP *Gut Sagadi* 8 km östlich von Palmse beherbergt ein *Waldmuseum (tgl. 10–16 Uhr, Eintritt 3 Euro | Sagadi mõis | www.sagadi.ee).* Im hauseigenen *Restaurant* landen Waldbewohner von Bär bis Wildschwein auf dem Teller.
In *Viitna* steht an der Fernstraße nach Tallinn das bei den Einheimischen und Reisegruppen gleich beliebte estnische Restaurant INSIDER TIPP *Viitna Kõrts (Tel. 3 23 25 86 81* | €–€€*).* Das aus grob behauenen Baumstämmen gebaute Haus von 1800 ist ein typisches Beispiel estnischer Volksbaukunst. Übernachten in Palmse: *Park-Hotel | 22 Zi. | Tel. 3 22 36 26 | www.phpalmse.ee* | €–€€

TARTU

(141 D5) (*K6*) ★ **Die älteste Stadt des Baltikums (1030 erstmals erwähnt) tritt studentisch-jung, unkonventionell und kreativ auf. Tartu (93 000 Ew.) ist das akademische und historisch-kulturelle Herz Estlands. Klar, dass man hier**

in gesunder Rivalität zur Handels- und Hauptstadt Tallinn steht.
Schließlich war die Universität – 1632 von Schwedenkönig Gustav Adolf gegründet – lange die wichtigste im ganzen Baltikum. Tartu verbindet Altes mit Neuem, ist zugleich Sitz des Nationalmuseums und Ideengeber e-Estonias. Moderne Glas- und Stahlbauten harmonieren mit restaurierten Altbauten von der Hansezeit Dorpats bis zur Blütephase Ende des 19. Jhs.

SEHENSWERTES

AHHAA SCIENCE CENTER
Ein Traum für neugierige, mutige Kinder und Erwachsene. Mit dem Fahrrad auf einem Drahtseil fahren oder in einem dunklen Labyrinth Lasern ausweichen: So spannend kann Museum sein. *So–Do 10–19, Fr/Sa 10–20 Uhr | Eintritt 13 Euro | Sadama 1 | www.ahhaa.ee*

DOMBERG (TOOMEMÄGI)
Heute Grünanlage mit verschlungenen Pfaden rund um die Ruine der mittelalterlichen *Domkirche (Lossi 25)*. Eine der kleinen Erhebungen ist der „Kussberg" *(Musumägi)*. Wer sich dort küsst, ist laut Sprichwort schon ein halber Tartuer.

Kulturoase im wilden Lahemaa-Nationalpark: das spätbarocke Landgut Sagadi

NATIONALMUSEUM (EESTI RAHVA MUUSEUM)
Alles über die Esten und ihre Geschichte, sehr interaktiv vermittelt in einem umgebauten Riesenhangar aus der Sowjetzeit. *Di–So 10–18 Uhr | Eintritt 14 Euro | Muuseumi tee 2 | www.erm.ee*

RATHAUS UND RATHAUSPLATZ (RAEKODA, RAEKOJA PLATS)
1789 im damals topmodernen Stil des Frühklassizismus gebaut. Vom Turm erklingt täglich zweimal (12 und 18 Uhr) ein Carillon, ein bespielbares Glockenspiel. Die Figuren auf dem Brunnen des Rat-

hausplatzes sagen viel über das Lebensgefühl in Tartu aus: Es sind die „küssenden Studenten" *(Suudlevad tudengid)*. Der trapezförmige Rathausplatz ist ebenfalls klassizistisch gerahmt, ein Haus (Nr. 18) scheint schief zu stehen. Der Eindruck täuscht nicht: Es wurde 1793 auf Pfählen auf sumpfigen Untergrund errichtet. Als der Wasserspiegel sank, neigte sich das Haus. Pisa lässt grüßen.

Lehren und sammeln: Tartus Uni-Museum zeigt Kunst. Und Bücher

UNIVERSITÄT (ÜLIKOOL)

Das Hauptgebäude der Universität ist eins der schönsten klassizistischen Gebäude Estlands (1809). Die Zaren ließen deutsche Professoren in ihrer Muttersprache unterrichten. Zwar waren ihnen Aufklärung und revolutionäres Gedankengut nicht geheuer – doch ganz ohne die Freiheit des Geistes kam die Modernisierung des Landes auch nicht voran. *Ülikooli 18 | www.ut.ee*

UNIVERSITÄTSMUSEUM (ÜLIKOOLI AJALOO MUUSEUM)

Höhepunkt ist die Bibliothek *(Mi–So 11–17 Uhr | im Chor des Domes | Lossi 25 | Führungen: Tel. 7 37 56 77)* des ehemaligen Chefbibliothekars Karl Morgenstern (1767–1852). Sehenswert ist außerdem das *Kunstmuseum* im Hauptgebäude, Estlands ältestes Museum. Geführte Touren *(stündlich 10.15–17.15 Uhr | 4 Euro)* bringen Sie auch zum INSIDER TIPP Studentenkarzer aus dem 19. Jh. Studiosi, die gegen den Ehrenkodex der Uni verstoßen hatten oder beim Duell erwischt worden waren, wurden hier eingesperrt, manchmal wochenlang. *Mo–Fr 11–18 Uhr | Ülikooli 18 | www.ut.ee*

ESSEN & TRINKEN

KREMPEL

Auch Tartu kann hip. Gesunde, saisonale Küche aus frischen Zutaten und ungesund leckere Torten. Dazu heimische Biolimo, Edelespresso oder Craft Beer. *Rüütli 12 | Tel. 4 45 15 10 | Facebook: KrempelKohvik* | €€

ÜLIKOOLI KOHVIK

Auf zwei Stockwerken eines Jugendstilhauses logiert der Mix aus Café und Restaurant – eins der beliebtesten Studentenlokale, denn man isst hier gut und (im Erdgeschoss) sehr günstig. *Ülikooli 20 | Tel. 7 37 54 04 | www.kohvik.ut.ee* | €–€€

UMB ROHT

Deftig war gestern, regional-saisonale, feine Küche bietet auch Tartu: Etwa Birkengelee mit Birkenblättern oder Lammfilet mit gerösteten Karotten. Dazu gibt es hervorragende Weine. *Ülikooli 7 | Tel. 7 44 00 55 | www.umbroht.ee* | €€€

EINKAUFEN

INSIDER TIPP ANTONIUSE ÕU

Die Antoniusgilde ist ein Zusammenschluss von verschiedenen Kunsthandwerkern, die in einem Altstadthof Authentisches fertigen und verkaufen. *Mo–Fr 11–17, Sa 11–15 Uhr | Lutsu 5*

AM ABEND

APARAADITEHAS

Tartus Kreativquartier: Im Sowjet-Industrieareal ist jede Menge Freiraum für Kreative. Es gibt einen Konzertsaal, Restaurants *(z. B. Aparaat | Tel. 7 30 30 90 | aparaadiresto.ee | €€)*, Café-Bars, kleine Boutiquen und ein *Druckereimuseum*. Im Innenhof Flohmarkt und Sommerkino. *Kastani 42 | www.aparaaditehas.ee*

GENIALISTIDI KLUBI

Wohnzimmer der studentischen Boheme, Kaffeehaus, Club, Konzerthalle, Theater, Kino. Und beste Gemüseküche der Stadt. *Magasini 5 | Facebook: Genialistide Klubi*

KROOKS

Eine der beliebtesten Studentenkneipen, geöffnet im Sommer traditionell bis Sonnenaufgang. *Jakobi 34*

PÜSSIROHU KELDER

In den Pulverkeller von 1778 gehen Touris und Studis wegen der derben Kost auf dem Teller und auf der Konzertbühne. *Lossi 28 | Tel. 7 30 35 55 | pyss.ee*

ÜBERNACHTEN

ANTONIUS

Direkt gegenüber der Universität von Tartu, mitten in der Altstadt, liegt dieses luxuriöse Boutiquehotel in einem restaurierten Hansepalais aus dem 16. Jh. Gespeist wird im Glasatrium. *18 Zi. | Ülikooli 15 | Tel. 7 37 03 77 | www.hotelantonius.ee | €€€*

HEKTOR DESIGN HOSTEL

Schmuddelbackpacker war gestern: Im Designhostel gibt's Yogazimmer, Filmlounge und ein Fitnessstudio. Bett im Schlafsaal ab 15, Einzelzimmer (mit eigener Küche) ab 27, Doppelzimmer ab 41 Euro. *112 Zi. | Piia 26 | Tel. 7 40 51 00 | hektorhostels.com*

HOTELL LYDIA

Innen hui, außen geht so. Das 4-Sterne-Haus bietet außer Unterkunft auch das Gourmetrestaurant *Holm (www.holmrestoran.ee | €€€)* und das beste Spa der Stadt. *70 Zi. | Ülikooli 14 | Tel. 7 33 03 77 | www.lydia.ee | €€€*

VILLA MARGARETHA

Die Jugendstilvilla ist die Perle des Holzhausviertels von Tartu. Romantisches, günstiges Boutiquehotel. *17 Zi. | Tähe 11 | Tel. 5 18 76 40 | www.margaretha.ee | €*

AUSKUNFT

Raekoja plats 14 | Tel. 7 44 21 11 | www.visittartu.com

ZIEL IN DER UMGEBUNG

PEIPUS-SEE (PEIPSI JÄRV)

(141 D–F 3–6) (*K–L 4–6*)

Ganz alleine sein mit der Natur an einem See, der knapp siebenmal so groß ist wie der Bodensee. Menschenleere Strände und Dünenparadiese. Das lohnt den Kurztrip von Tartu (35 km) oder Narva (70 km). Nicht ohne GPS rudern, am Ostufer strandet man in Russland. Der Ökotourismusverband *(Tartu 26 | Tel. 7 72 67 40)*, der auch Zimmer vermittelt, befindet sich in *Mustvee*.

LETTLAND

Fast 500 km Küste, unberührte Naturlandschaften von melancholischer Weite, Herrenhäuser und verwitterte Burgruinen, die von Jahrhunderten Fremdherrschaft und bewegter Geschichte zeugen: Lettland (1,9 Mio. Ew.), mittlere der drei Ostseerepubliken, ist vielleicht am stärksten geprägt von jenen Kontrasten und Stimmungen, wie sie typisch sind für das Baltikum.

Mancherorts scheint die Zeit hier stillzustehen – vor allem auf dem Land. Umso schneller aber vergeht sie in der lettischen Hauptstadt: Rīga hat sich zu einer pulsierenden Ostseemetropole gemausert. Weitläufige Boulevards, mittelalterliche Gässchen, Wolkenkratzer und alte Holzhäuser, Backsteingotik und üppiger Jugendstil, auch kreative Quartiere in Industrieruinen prägen ihr Gesicht. „Miss Baltica" zieht jeden Besucher in ihren Bann.

CĒSIS

(144 B3) (*🕮 H8–9*) **Mitten im herrlichen Gauja-Nationalpark liegt eine der ältesten Städte Lettlands: ★ Cēsis (17 000 Ew.).**

Ringgassen, Kaufmannshäuser, gotische Giebel und über allem eine trutzige Ordensburg – vieles sieht immer noch so aus in der Hansestadt Wenden vor 500 Jahren. Sogar die Brauerei stammt aus dieser Zeit – die älteste des Baltikums. Im Sommer wird die Stadt zum nationalen Ausflugsziel.

Bild: in Rīgas Altstadt

Eine angesagte Metropole und die liebliche, stille Provinz: Zwischen diesen Polen spannt sich das herrliche Land mitten im Baltikum auf

SEHENSWERTES

BURGKOMPLEX (CĒSU PILS KOMPLEKSS)

Kein staubtrockener Lehrtafelrundgang, sondern Mitmachzeitreise. Mit Kerzenlampion klettert man die engen Treppen der *Ordensburg (Mūra pils)* von 1209 hoch, die Guides spielen echte Schwertbrüder (die Stadt und Burg gründeten), überall auf dem parkartigen Burggelände werden mittelalterliche Spiele und Handwerke sowie Gartenbau vorgeführt, Mitmachen erwünscht. Schweden, Russen, Polen griffen die Burg erfolglos an, bis Ivan der Schreckliche (1577) seinem Namen gerecht wurde.

Im neogotischen *Neuen Schloss (Jaunā pils)* lernt man interaktiv im *Museum für Kunst und Geschichte* die Stadtgeschichte kennen und bestaunt prachtvollen Biedermeier. Schöner Blick vom ☀ Turm. *Mai–Sept. Burg tgl., Museum u. Ausstellungshalle Di–So 10–18 Uhr, Okt.–April Burg u. Museen Di–Sa 10–17, So bis 16 Uhr | Eintritt 6 Euro | www.cesupils.lv*

ST.-JOHANNES-KIRCHE (SVĒTĀ JĀŅA BAZNĪCA)

Die gotische Kirche entstand 1282–97 als Gotteshaus der Schwertbrüder. Man kann auch den Turm besteigen. Kostet einen Euro, dafür gibt's oben eine schöne Aussicht auf Stadt, Burg und Gauja-Tal. Sehens- wie hörenswert: die Orgel von 1906, gebaut von Eberhard Walcker, wie auch Rīgas Domorgel. *Mitte Mai–Okt. tgl. 10–19 Uhr | Skolas 8*

Vom Johanniskirchturm alles im Blick haben: die Stadt, die Burg, das Tal

ESSEN & TRINKEN

JĀŅOGA

Wellness für den Gaumen, frisch zubereitet, spektakulär präsentiert und auch noch günstig. *Valmieras iela 21a | Tel. 28 30 92 98 | Facebook: JanogaCesis* | €€

KĀRĻAMUIŽA

Forelle aus dem eigenen Teich und Gemüse aus dem Garten – schnörkellos gut, wunderbare Gastgeber. Schönes Herrenhaus, etwa 10 km von Cēsis entfernt im Gauja-Nationalpark in absolut ruhiger Lage – einfach himmlisch! *Kārļi | Tel. 26 16 52 98 | karlamuiza.lv* | €€

EINKAUFEN

INSIDER TIPP SENO ROTU KALVE

Silberschmied Daumants Kalniņš fertigt in seiner Werkstatt am Neuen Schloss filigranen Schmuck nach uraltem lettgallischem Vorbild. *Di–So 10–17 Uhr | Pils laukums 9 | cesupils.lv*

FREIZEIT & SPORT

AERODIUM

Wie Superman durch die Lüfte sausen dank vertikaler Windkanaltunneltechnik aus Lettland. In der Anlage fliegt man bis 10 m hoch. Dauert nur zwei Minuten – ist aber ein Erlebnis für die Ewigkeit. *Mo–Fr 13–20, Sa/So 10–20 Uhr | 2 Flüge 45 Euro | an der A2 kurz vor Sigulda | aerodium.lv*

BOB FAHREN

Die rasante Fahrt im Viererbob (im Sommer mit Rädern) schüttelt einen kräftig durch. Piloten sind ehemalige Weltklassefahrer. *Mai–Sept. (auf Rädern), Nov.–Mitte März Sa/So 12–17 Uhr | 10 Euro | bobtrase.lv*

EŽI ACTIVE TOURISM CENTRE

Die freundlichen Outdoor-Spezialisten Eži verleihen Kanus, Zelte und Fahrräder, haben viele Tipps und bieten auch INSIDER TIPP geführte Gruppen-Kanutrails auf der Gauja an. *Lenču 7a | Tel. 64 10 72 63 | www.ezi.lv*

ÜBERNACHTEN

SCHLOSS BĪRIŅI (BĪRIŅU PILS)

(144 A3) *(🗺 G9)*

Wie geschaffen für Hochzeiten ist der als Hotel geführte Palast im Tudorstil mit opulenter Inneneinrichtung 40 km südwestlich von Cēsis. Wildromantischer Park, See mit Wassermühle. *26 Zi. | Tel. 64 06 63 16 | www.birinupils.lv | €€*

VILLA SANTA

Über drei alte Villen in einer riesigen Parkanlage verteiltes Designerhotel mit tollem Restaurant und Spa. *30 Zi. | Gaujas 88 | Tel. 64 17 71 77 | www.villasanta.lv | €€€*

AUSKUNFT

Baznīcas laukums 1 | Tel. 64 12 18 15 | www.tourism.cesis.lv

ZIELE IN DER UMGEBUNG

GAUJA-NATIONALPARK

(144 A–B 3–4) *(🗺 G–H 8–9)*

Die Waldlandschaft des Gauja-Urstromtals steht in Lettland im Rang eines nationalen Naturheiligtums. Im *Gaujas Nacionālais Parks* lassen sich viele markierte Wanderwege und Lehrpfade zu großen und kleinen Touren kombinieren, entlang der Gauja gibt es außerdem INSIDER TIPP 18 Campingplätze, etwa *Kempings Apalkalns (www.apalkalns.lv)*. Reizvolle Ausflugsziele sind z. B. die roten Sandsteinfelsen, das steile Massiv der sogenannten Teufelsferse *(Sietiņiezis)* nordwestlich von Cēsis. Auf ihrem Weg durch die bis zu 85 m tiefe Schlucht sammelt die Gauja das Wasser von 13 Nebenflüssen. Detaillierte Infos und Karten gibt's im *Besucherzentrum des Nationalparks (tgl. 10–18 Uhr | Sigulda | Leona Paegles iela 3–5 | Tel. 28 31 83 18 | www.entergauja.com).*

SIGULDA ★ (144 A4) *(🗺 G9)*

Die quirlige Kleinstadt (35 km südwestlich von Cēsis) ist das touristische Zentrum des Nationalparks. Die Gauja

MARCO POLO HIGHLIGHTS

★ **Cēsis**
Geschichte nacherleben in der einst größten Burg Livlands → S. 54

★ **Sigulda**
Ausgangspunkt für Touren und Extremerlebnisse → S. 57

★ **Liepāja**
Überall Musik und Strand in der entspannten Stadt des Winds → S. 58

★ **Dom St. Marien**
Frühestes Zeugnis der deutschen Kolonialisten in Rīga → S. 66

★ **Freiheitsdenkmal**
Symbol des lettischen Freiheitswillens in Rīga → S. 66

★ **Jugendstilviertel**
Rīga hat die meisten und am üppigst verzierten → S. 66

Fleißarbeit: Die Burg von Turaida wird seit über 60 Jahren Stückchen für Stückchen restauriert

schneidet sich hier besonders tief in die Sandsteinfelsen und spülte an seinen Ufern Lettlands schönste und größte Höhlen aus: die Große Teufelshöhle *(Lielā Velnala)*, die Viktorhöhle *(Viktorala)* und die mythenumwobene, 20 m tiefe Gutmans Höhle *(Gūtmaņa ala)*. Landesweit berühmt ist Sigulda wegen seiner Burgen, die die Talschlucht wie Zinnen säumen: *Turaida* und *Krimulda*. Die Bischofsburg Turaida thronte seit 1213 über der Gauja, bis sie im Großen Nordischen Krieg zerstört wurde. 1953 begann man, sie detailgetreu aufzubauen. Vom 30 m hohen Burgfried aus bietet sich ein traumhafter Blick über einen Teil des mit 917 km² größten Nationalpark des Baltikums. Noch atemberaubender ist nur die Aussicht aus der INSIDER TIPP Seilbahn, die von Sigulda zur Burg Krimulda hinüberfährt. In der Stadt selbst sind das Neue Schloss und die alte Ordensburg sehenswert. Auskunft: *Valdemāra 1a | Tel. 67 97 13 35 | tourism.sigulda.lv;* Übernachten: *Aparjods | 35 Zi. | Ventas 1 | Tel. 67 97 22 30 | www.aparjods.lv |* €€; *Sigulda | 44 Zi. | Pils 6 | Tel. 67 97 22 63 | www.hotelsigulda.lv |* €; Restaurants: *Doma | Mo geschl. | Leona Paegles iela 15 a | Tel. 22 11 74 83 | domacafe.lv |* €; *Fazenda | Vidzemes šoseja 14 | Tel. 28 00 22 76 |* de.fazenda.lv | €€–€€€

INSIDER TIPP UNGURMUIŽA

(144 B3) *(H8)*

Im wunderbar barocken Holzherrenhaus von 1732 – 15 km nordwestlich – sind original Fresken im Inneren erhalten. Die Lage im märchenhaften Park rundet den Traum von einem Anwesen ab. Sie können im hauseigenen Restaurant *(Mo geschl. | €€–€€€)* auch gut essen. Und günstig in einem der beiden Doppelzimmer *(€)* nächtigen. *Mai–Sept. Di–Sa 10–18, So 10–16, Okt.–April Di–So 10–16 Uhr | Eintritt 3 Euro | Tel. 22 00 73 32 | ungurmuiza.lv*

LIEPĀJA

(142 A5) *(B10–11)* ★ **Die „Stadt des Winds" ist Sommerhauptstadt der Letten.**

Das Sonnenlicht erweckt die drittgrößte Stadt (76 000 Ew.) des Lands, früher als Libau im Hanseverbund, zum Leben. Dann wird der feinsandige Strand zum Lebensmittelpunkt, entspannte Lebenslust überall. Für den passenden Soundtrack sorgen das *Sommer Sound Festival (Anfang August)* am Strand, der coole Rockclub Fontaine Palace und die spektakuläre Konzerthalle. Aus dem Stadtbild verschwindet das Grau und Jugendstilglanz kommt zum Vorschein. Die gewaltsame Abschottung (als militärische Sperrzone) unter den Sowjets förderte den unabhängigen Spirit Liepājas.

SEHENSWERTES

ALTSTADT

Lebensader ist die *Lielā iela* (Große Straße), gesäumt von Bürgerhäusern in Jugendstil und Neoklassizismus. In der Fußgängerzone *Turgoņu* laden Cafés und kleine Läden zum Bummeln ein. Die 1758 geweihte Dreifaltigkeitskirche *(Sv. Trīsvienības Baznīca)* in der Lielā lohnt sich auch von innen anzuschauen. Spätbarock und Rokoko feiern mit viel Sandsteinzierrat und Blattgold ein rauschendes Fest. Die Orgel war lange die weltgrößte.

Entlang der Grauda und Lielā stehen schöne Jugendstilhäuser. Die Promenade säumen, etwa in der Hika- und Liepu-Straße, wunderbar verschnörkelte Holzvillen im Bäderstil.

KRIEGSHAFEN (KAROSTA)

Der Kriegshafen, einst Stadt in der Stadt, verfällt seit dem Abzug der russischen Armee in den 1990er-Jahren. In einige der Militärbauten haben sich Künstler einquartiert und hauchten diesem seltsam morbiden Viertel kreatives Leben ein. Wie eine Fototapete wirkt die übergroße orthodoxe *St.-Nikolaus-Kathedrale* in der Mitte des Areals (1903).

Ein besonders finsterer Ort ist das einstige INSIDER TIPP Militärgefängnis *(Karostas cietums | Invalidu 4 | Tel. 63 48 08 08 | www.karostascietums.lv)*, das gleich drei Diktaturen diente: 1905 sperrte der Zar hier aufständische Matrosen ein, später ließ die deutsche Wehrmacht in der Festung Deserteure hinrichten, 1945 übernahm der KGB die Schreckensherrschaft. Heute ist das Gefängnis Gedenkstätte, nervenstarke Besucher können in der zweistündigen Reality-Show oder realistischen Fluchtspielen sowjetischen Knastalltag nacherleben – inklusive Appell und Verhör – oder dort gar übernachten. *karostascietums.lv*

LIEPĀJA-MUSEUM (LIEPĀJAS MUZEJS)

Die Ausstellung schlägt einen Bogen von archäologischen Funden bis zur deutschen Geschichte Kurlands. Dazu: Malerei, Fotografie und Trachten der Region. *Mi–So 10–18 Uhr | Kūrmājas prospekts 16/18 | bei Voranmeldung Führungen in Engl. | Tel. 63 42 26 04*

ESSEN & TRINKEN

INSIDER TIPP **BOULANGERIE**

Kann man nur von Éclairs, Café au Lait und Liebe leben? Hoffentlich, denkt man sich auf der wunderbaren Dachterrasse, umringt von Éclair-süchtigen Spatzen und Bloggerinnen im Selfiestress. *Kursu iela 2 | www.boulangerie.lv* | €

ROMAS DARZS

Gehobene regionale Küche gibt es im „Römischen Garten", aber nur die Weine sind Italiener. Lauschig ist es an Sommerabenden draußen am Brunnen. *Zivju iela 3 | Tel. 28 00 33 24 | www.romasdarzs.lv* | €

FREIZEIT & SPORT

BOOTSFAHRT

Vom Anleger am *Hotel Promenade* legt die 12-m-Motoryacht *Četri vēji* („Vier Winde") tgl. zu Rundfahrten durch den Hafen, auf die Ostsee und nach Karosta ab. 12 Passagiere können anheuern, für längere Törns gibt's an Deck sechs Schlafplätze. *Reservierung Tel. 29 37 93 72 | www.fourwinds.lv*

JŪRMALAS PARK

Am Ende der Peldu iela laden *Strand* und *Jūrmalas Park* zu Spaziergängen ein. Hier gibt es auch einige Holzvillen zu sehen, etwa das alte Badehaus *(Peldu istade)* und den kleinen *Pavillon*.

AM ABEND

FONTAINE PALACE

24/7: Coolster Musikclub des Baltikums, der mit vielen Livekonzerten Liepājas Flagge als lettische Rockhauptstadt hochhält. Auch Jazzer und Bluesbands spielen im umgebauten Hafenspeicher. *Dzirnavu 4 | Tel. 63 48 85 10 | www.fontainepalace.lv*

ÜBERNACHTEN

PROMENĀDE HOTEL

Was sich aus einem alten Kornspeicher so alles Schmuckes machen lässt: Kom-

Das Pfund, mit dem Liepāja bei Touristen wuchern kann: sein wunderschöner, weißer Strand

forthotel, stilvoll eingerichtet und direkt am Hafen gelegen. Im Haus logiert auch eine sehenswerte Galerie. *42 Zi | Vecā ostmala 40 | Tel. 63 48 82 88 | www.promenadehotel.lv* | €€€

BOUTIQUEHOTEL ROZE

Freundliches Gästehaus ganz nah am Strand in einer restaurierten, blau gestrichenen Jugendstilvilla, schöne große und komfortabel eingerichtete Zimmer, INSIDER TIPP Die großen Ferienwohnungen im dazugehörigen Nebenhaus. Radverleih. *16 Zi., 8 Apts. | Rožu 37 | Tel. 63 42 11 55 | en.parkhotelliepaja.lv* | €€

AUSKUNFT

Rožu laukums 5/6 | Tel. 63 48 08 08 | www.liepaja.travel
Auch Fahrradverleih.

ZIELE IN DER UMGEBUNG

INSIDER TIPP JŪRKALNE ●
(142 A3) *(🕮 B9)*

Die Steilküste von Jūrkalne (70 km nördlich von Liepāja) lädt nicht nur zu langen Strandspaziergängen ein: Hier müssen Sie auch baden gehen. Das Meer ist einfach großartig, wild und kühl. Übernachtungsmöglichkeit finden Sie in romantischen Holzhäusern gleich bei den Klippen. *Lūķi | Tel. 29 36 43 47 | Facebook: Lauku sēta/Country House "Lūķi"*

KULDĪGA (142 B3) *(🕮 C9)*

Lettlands schönste Kleinstadt (13 000 Ew., ca. 90 km nordöstlich von Liepāja) sieht tatsächlich so aus, als sei hier vor hundert Jahren die Uhr einfach stehen geblieben. Nirgends im Baltikum wurden die Holzhäuser so gut erhalten. Unter Herzog Jakob war es Hauptstadt Kurlands und hatte sogar eigene Kolonien (Tobago und Teile Sambias). Auch den breitesten *Wasserfall* Europas lohnt es sich von der steinernen *Ventabrücke (Ventas tilts)* aus dem 19. Jh. aus anzuschauen. Gute Übernachtung finden Sie in einer alte Mühle ca. 10 km außerhalb: *Mazsālijas | 5 Zi. | Tel. 22 00 37 44 | www.mazsalijas.lv* | €; Auskunft: *Baznīcas 5 | Tel. 63 32 22 59 | www.kuldiga.lv*

PĀVILOSTA (142 A4) *(🕮 B10)*

Das kleine Fischerdorf (40 km entfernt) lohnt für Leute, die gerne Meeresbewohner essen. Der Geruch von Geräuchertem liegt über dem Ort. Probieren Sie z. B. im Restaurant *Āķagals (Tel. 29 16 15 33 | €)* oder in der *Räucherei*.

VENTSPILS (142 B2) *(🕮 C8)*

Die Stadt (40 000 Ew.) mit dem größten Hafen Lettlands liegt 120 km nördlich von Liepāja. Neben den restaurierten Kaianlagen lädt eine moderne Uferpromenade zum Hafenspaziergang ein. Wer Wasser unterm Kiel braucht: Der Dampfer *Hercogs Jekabs (Fahrplan auf www.portofventspils.lv unter „sustainability" | Kreuzung Ostas und Tirgus, Kai Nr. 18)* cruist Juni–Aug. alle 1–2 Std. durch den Hafen. Im Zentrum locken hinter schick renovierten Fassaden gemütliche Cafés und Restaurants. Auch der Strand ist vom Feinsten. Nicht groß, aber wirklich sehenswert, ist Ventspils *Altstadt*. Am *Ratslaukums*, dem Rathausplatz, steht 1835 gebaute evangelische *Nikolaikirche (Sv. Nikolas baznīca)*. Gegenüber: das *alte Rathaus (Annas iela 13)* von 1850. Schön zum Bummeln: die verkehrsberuhigte *Kuldīgas iela* mit Geschäften und einigen Cafés.

Die um 1290 von Rittern des Livländischen Ordens gegründete, heute restaurierte *Burg (Mai–Okt tgl. 9–18, sonst Di–So 10–17 Uhr | Jāņa 17 | www.ventspilsmuzejs.lv)* und älteste Festung Lettlands, gab dem Ort den Namen: Ventspils heißt

„Burg an der Vente". Gut unter kommen Sie im komfortablen kleinen Altstadthotel *Raibie logi (9 Zi. | Lielais prospekts 61 | Tel. 29 14 23 27 | www.raibielogi.lv | €€)* hinter der hübschen Fassade eines restaurierten Holzhauses.

RĒZEKNE

(145 F6) *(L11)* **Das *Herz Lettgallens (Latgale)* (29 000 Ew.) an der Kreuzung Moskau–Riga und Warschau–St. Petersburg wurde oft gebrochen, die nahen Nachbarn kamen mit schlechten Absichten. Jetzt schnauft Rēzekne als beschauliche Kleinstadt ganz im stillen Osten Lettlands endlich mal durch.**
Gelebter Volksglauben und Mulitkulturalität prägen die Menschen. Und Gastfreundschaft: „Wer nach dem Weg fragt, bekommt bei uns gleich noch Kost und Logis angeboten", meint Organistin Iveta Apkalne, die bekannteste Rēzeknerin. Jeweils im Oktober veranstaltet sie ein Orgelfestival in der akustisch wie architektonisch beeindruckenden Konzerthalle *Gors (www.latgalesgors.lv)*.

SEHENSWERTES

Entschleunigung ist auch der Plan für den Besucher. Bevor Sie die Latgaler Seenplatte mit Hunderten Seen im Umland erkunden, erst mal die aus der Zeit gefallenen *Holzhäuser* um die *Pulkveža Brieža* oder *18. Novembra* bestaunen. Schönstes ist *die Grüne Synagoge (Zaļā Sinagoga | Kraslavas iela 5)* mit dem *Jüdischen* und dem *Holzhaus-Museum*. Im Umkreis von 500 m beten auch Altgläubige *(St. Nikolaus | Sinicina 4)*, Orthodoxe *(Atbrīvošanas aleja 88)*, Protestanten *(Hl. Dreieinigkeit | Raina 4)* und Katholiken (*Herz-Jesu-Kathedrale | Latgales 88 b)* in beeindruckenden Gotteshäusern.

BURGBERG (PILSKALNS)

Hier stand um 900 eine Burg des Königreichs Jersika. Heute bewundert man die Ruinen – und ein schönes Stadtpanorama. *Krasta iela 31*

KULTURHISTORISCHES MUSEUM (KULTŪRVĒSTURES MUZEJS)

Die wechselvolle Geschichte der Stadt und der in Lettland bekannten lokalen Töpfertradition. *Di–Fr 10–19, Sa/So 10–16 Uhr | Eintritt 80 Cent | Atbrīvošanas aleja 102 | rezekne.lv*

ESSEN & TRINKEN

AUSMEŅA KEBABS

Dieser Kebabladen ist Kult. Zum Döner trinkt man lettgallisches Bier und hört Livemusik. *N. Rancana iela 41 | Facebook: Rēzeknes Ausmeņa Kebabs | €*

FREIZEIT & SPORT

LATGALER SEENPLATTE

Lettgallen nennt man nicht umsonst das *Land der Blauen Seen*, es ist ein Paradies für Angler und Wassersportler. Einige der fast 1000 Seen sind miteinander verbunden. Eine schöne Paddeltour *(Kajak bis 3 Pers. 20 Euro/Tag, Zelt 5 Euro/Tag, 50 Euro Rücktransport | Start am Campingplatz Drīži | Tel. 29 14 60 34 | www.latvia-outdoor.eu)* führt in zwei Tagen vom tiefsten See *Drīdza* (80 km südlich von Rēzekne), beliebter Nistplatz für Wasservögel, durch drei weitere Seen zum *Jasinka-See* (ca. 10 km).
Etwas unheimlich ist der *Velnezers (50 km westlich)*, auch *Čertoka ezers* genannt. Der Ursprung des trichterförmigen Sees ist unklar, er hat keinerlei Zufluss, die Fische meiden ihn. Er wird sehr schnell tief (Vorsicht!) und hat türkisblaues Wasser. In den ufernahen Nadelwäldern kann man wandern und Heidelbeeren pflü-

Zehntausende Katholiken pilgern Jahr für Jahr nach Algona. Der Papst war auch grad da

cken. Idyllische Rast- und Feuerplätze liegen am hügeligen Ufer.

ÜBERNACHTEN

LUZNA MUIZA

Ein polnisch-litauischer Eisenbahningenieur baute sich das elegante Herrenhaus mit wunderbarem Park voller Nussbäume, Wildrosen und Zedern etwa 20 km südlich am Rāznas-See. Nach bewegter Vergangenheit (zuletzt als Grundschule) erstrahlt das Haus wieder im romantischen Jugendstil. Sie können eins der drei stilvollen Gästezimmer mieten. Praktischerweise sitzt auch die *Touristeninformation* mit im Anwesen. *Pils iela 8 | Lūznava | Tel. 28 68 68 63 | luznavasmuiza.lv* | €€

RESTART HOTEL

Modern-funktionales Sporthotel. Große, gut eingerichtete Zimmer, Sauna. Und von drinnen schöner als von draußen. *29 Zi. | Stacijas 30 b | Tel. 66 95 41 11 | restarthotel.lv* | €

AUSKUNFT

Pils iela 8 | Tel. 28 68 68 63 | www.luznavasmuiza.lv, rezeknesnovads.lv/en/turisms

ZIELE IN DER UMGEBUNG

BASILIKA VON AGLONA

(149 E2) (*🗺 L12*)

Aglona ist so etwas wie das lettische Rom. Zu seiner strahlend weißen Basilika, die zum örtlichen Domikanerkloster gehört, pilgern jährlich Zehntausende am 15. August zu Mariä Himmelfahrt. Nicht wegen der idyllischen Lage zwischen zwei Seen rund 55 km südwestlich von Rēzekne entfernt, sondern der heilenden und spirituellen Wirkung der *Agloner Muttergottes* (17. Jh.) wegen. Das Gemälde soll schon einige Wunder vollbracht haben und seinetwegen ist das Gotteshaus eins von acht internationalen Heiligtümern der Katholiken. 2018 hielt Papst Franziskus hier eine Messe, genau 25 Jahre nach Johannes Paul II.

DAUGAVA-SCHLEIFEN (DAUGAVAS LOKI) (149 E2) *(🕮 K–L12)*
In acht Schleifen windet sich die Daugava zwischen Krāslava und Daugavpils durch das von ihr geformte Urstromtal, vorbei an Findlingen und malerischen Steilhängen. *Aktīva atpūta Latgalē (Tel. 25 35 95 89 | www.atputalatgale.com)* in Krāslava, eine gute Stunde südlich von Rēzekne, verleiht Boote und organisiert Paddeltouren auf der 64 km langen Strecke. Gemütliche Unterkünfte direkt am Flussufer, auch im Baumhaus (ab 125 Euro), vermietet der Berliner Sebastian Boldt. Er organisiert auch individuelle Bootstouren *(Kajak bis 3 Pers. 20 Euro/Tag, Rücktransport 25 Euro | www.latvia-outdoor.eu)* auf den Daugavaschleifen. Die Übernachtung auf den ausgewiesenen Naturcampingplätzen ist umsonst.

LOW BUDG€T

Im *Kuriositätenmuseum* von Alfons Elert in Lettlands Weinstädtchen Sabile kann man notfalls mit seinen Socken bezahlen – wenn sie irgendetwas Originelles an sich haben. Denn schräge Dinge sind Elert lieber als schnödes Geld, auf diese Weise hat er eine wirklich bizarre Sammlung zusammengetragen. Unter anderem 2000 Paar Strümpfe! *Tgl. 10–19 Uhr | Blaumaņa 4*

In Rīga werden Sie in den 16 Lido-Schnellrestaurants für ganz kleines Geld ganz lange satt. Dort gibt's frisch zubereitete Hausmannskost am Büfett zu sagenhaft kleinen Preisen (Mittagsmenü 3,90 Euro). *Z. B. Elizabetes 65 | www.lido.lv*

Die freundliche Herberge *Tree House* mitten in Rīgas Altstadt hat Wohlfühl-Mehrbettzimmer, die sich eher nach Hotelkomfort anfühlen. *Kaļku 11 a | Tel. 25 71 31 26 | Facebook: TreeHouseRiga*

DAUGAVPILS (149 F1) *(🕮 L11)*
Lettlands zweitgrößte Stadt (85 000 Ew.), 90 km im Südwesten von Rēzekne, wirbt vor allem mit einem Künstler, der dort 1903 als Marcus Rothkowitz geboren wurde – in Dvinsk, wie die Stadt damals unter russischer Herr schaft hieß. In den USA, wohin seine Familie emigrierte, hieß er Mark Rothko und malte gerne einfarbige Rechtecke – damit traf er den Nerv des Kunstmarkts, seine Werke sind heute Vermögen wert. Sechs Originale sind der Stolz des *Mark Rothko Art Centre (Mi–Sa 11–19, So/Di 11–17 Uhr | Eintritt 8 Euro | Mihaila 3 | www.rothkocenter.com)*, der gut gestalteten Festung der Hochkultur inmitten von Daugavpils Plattenbauten, die auch Konzertbühne und Tagungsort ist. Man kann INSIDER TIPP im Rothko-Museum günstig und gut übernachten *(10 Zi. | Tel. 65430250 | €€)*. Sehenswert sind in Daugavpils auch die klassizistischen und eklektizistischen Gebäude in der Fußgängerzone *Rīgas iela* sowie die Jugendstilhäuser und die neogotischen Backsteinbauten in der *Saules iela*. Nicht zu vergessen die massige *Festung (Cietoknis)* aus der Zarenzeit nordwestlich des Stadtzentrums am Ufer der Daugava.

RĀZNA-NATIONALPARK
(149 F1) *(🕮 L11)*
Die Extraportion Entschleunigung und Naturerlebnis gibt's im *Rāzna-Nationalpark (razna.lv)* rund um den gleichnamigen See. Der Nationalpark ist ein hügeliges Paradies etwa 22 km südlich Rēzeknes mit uralten Eichenwäldern. Angler ha-

ben eher Augen für die 27 Fischarten hier, etwa Zander, Karpfen, Lavaret und Giebel, Vorfahren der Goldfische. Im Winter drängen sich bis zu 1000 Eisfischer auf dem zugefrorenen See. Die Leute vom *Erholungskomplex Rāzna (razna.lv)* verleihen Angelzubehör (und Kajaks wie Räder) und kennen die besten Angelplätze. Von dort gibt es auch gute Wander- und Reitwege.

Mit der Festung am Fluss wollten die russischen Zaren sich Daugavpils sichern. Hat nicht geklappt

RĪGA

KARTE IM HINTEREN UMSCHLAG (143 F3–4) (*F9–10*) **Rīga nimmt gern für sich in Anspruch, die einzige wirkliche Großstadt (640 000 Ew.) des Baltikums zu sein. Jeder dritte Bewohner Lettlands lebt hier.**

Auch den Reisenden zieht diese pulsierende Metropole an der Daugava schnell in ihren Bann. *Vecrīga,* die herausgeputzte Altstadt mit ihren winkligen Gassen, Kirchen, alten Klosterhöfen, Kaufmanns- und Gildehäusern, und das berühmte Jugendstilviertel der Neustadt vereinen aus 800-jähriger Geschichte so viel Baukunst, dass die Unesco Rīga 1997 zum Weltkulturerbe ernannte.

CITY **WOHIN ZUERST?**

Laima-Uhr: Die Retro-Uhr ist der klassische Treffpunkt der Rigenser, gelegen zwischen der verkehrsberuhigten Altstadt, Freiheitsdenkmal und Bastejkalns-Park. Von hier aus lassen sich alle Sehenswürdigkeiten zu Fuß erreichen. Das Auto sollte man am Hotel abstellen und sich zu Fuß, mit Leihfahrrad oder öffentlichen Verkehrsmitteln im Zentrum bewegen. *Aspazijas bulvāris 20*

Die Altstadt überlassen die Locals im Sommer den Besuchern. Das urbane Herz schlägt dann zwischen Lāčplēša und Miera iela. Mit schönen Straßencafés, kleinen Geschäften und viel Kulturleben. Um die Miera iela trifft sich abends auch die Szene. Früher lag hier das deutsche Brauhausviertel. Ambitionierte Kleinbrauer, etwa *Labietis (www.labietis.lv)* oder *Ziemeļu Enkurs (ziemeluenkurs.lv)*, knüpfen wieder an die Tradition an. Spannende Kontraste zwischen Wolkenkratzern, Plattenbau und dem größten Holzhausbestand bietet die westliche Flussseite, die Flussinsel Ķīpsala lockt mit eleganten Holzvillen und schönem Panoramablick.

SEHENSWERTES

DOM ST. MARIEN (DOMA BAZNĪCA) ★

Die größte Kirche des Baltikums entstand als Auftragswerk des Rīgaer Stadtgründers Bischof Albert (sein Denkmal steht im Domhof). Schon den Grundstein ließ Albert 1211, der geplanten gewaltigen Ausmaße von St. Marien wegen, vorsorglich außerhalb der Stadtmauer legen. Allein der Rohbau mit 2 m dicken Mauern kostete 50 Jahre, und auch danach wurde so viel an der Kathedrale herumgebaut, dass ihre Architektur drei Epochen vereint: Romanik, Gotik und schließlich Barock, aus dem ein Teil der prachtvollen Ausstattung stammt.

Ein grandioses Meisterwerk ist die *Walcker-Orgel* von 1884, mit 6718 Pfeifen eine der größten und klangschönsten der Welt. *Di–Fr 13–18, Sa 10–14 Uhr | Orgelkonzerte Mi und Fr 19 Uhr | Tel. 67 21 32 13 | www.doms.lv*

DREI BRÜDER (TRĪS BRĀĻI)

Geschwister sind diese drei Giebelhäuser eigentlich nicht. Auch wenn sie sich so schön aneinanderlehnen – sie entstanden zu ganz verschiedenen Zeiten. Das Haus Nr. 17 mit dem gotischen Stufengiebel ganz rechts stammt aus dem 15. Jh. und ist sozusagen der „große Bruder", es gilt als Rīgas ältestes Wohnhaus. Der gelbe Giebel in der Mitte dagegen trägt Züge holländischen Barocks und die Jahreszahl 1646. Der Bruder Nr. 19 links stammt aus dem 18. Jh., hier ist das lettische *Architekturmuseum (Mo–Fr 9–17 Uhr | www.archmuseum.lv)* untergebracht. *Mazā Pils 17–21*

FREIHEITSDENKMAL (BRĪVĪBAS PIEMINEKLIS) ★

Nationales Wahrzeichen. Drei goldene Sterne reckt „Milda", die anmutige Mädchengestalt, auf ihrer 42 m hohen Säule dem Himmel entgegen. Sie symbolisieren die Provinzen Latgale, Kurzeme und Vidzeme – Lettlands nationale Einheit. Den Sowjets war das 1935 errichtete Monument mit der Aufschrift *Tevzemei un Brīvībai* („Für Vaterland und Freiheit") ein Dorn im Auge, doch es anzurühren, wagten sie nicht. Eine stündlich wechselnde Ehrenwache schützt heute die Würde des Orts. *Brīvības bulvāris*

JÜDISCHES MUSEUM (MUZEJS EBREJI LATVIJĀ) ●

Von den einst 44 000 jüdischen Bürgern Rīgas überlebten nur 175 den Holocaust. Der Historiker Margers Westermanis, selbst Überlebender, hat eindrucksvoll das Leben der Juden in Lettland dokumentiert. *So–Do 12–17 Uhr | Eintritt frei | Skolas 6 | jewishmuseum.lv*

JUGENDSTILVIERTEL ★ ●

In Rīgas Neustadt entstanden während des Wirtschaftsbooms Anfang des 20. Jhs. die meisten der fast 800 Jugendstilhäuser, für die die Stadt so berühmt ist. Lettische und russische Architekten, allen voran Michail Eisenstein, schufen in der Euphorie der *Nationalen Romantik* ganze Straßenzüge in operettenhafter Pracht. Die schönsten Belle-Epoque-Bauten stehen in der *Alberta (2–13)*, der *Elizabetes (10 b, 33)*, der *Audēju (7–11)* und der *Strēlnieku (4 a)*. Auch die Altstadt besitzt herrliche Jugendstilhäuser, in der *Skārņu (1–3, 6–10)* und *Šķūņu (10, 12)*. Das INSIDER TIPP *Rīga Art Nouveau Centre (Di–So 10–18 Uhr | Alberta 12 | www.jugendstils.riga.lv)* bietet Ausstellungen und Veranstaltungen rund um den Jugendstil.

INSIDER TIPP PĀRDAUGAVA

Am westlichen Ufer der Daugava liegt ein spannendes Rīga – mit wilden Parks, dem Botanischen Garten, Wolkenkratzern, verwitterten Gründerzeitvillen, Plattenbauten und fast 2000 Holzhäusern, so viele wie in keiner anderen europäischen Stadt. Architekten wie Pēteris Blūms stritten seit den 1990ern für eine Rettung der vielen vernachlässigten Holzhäuser. Inzwischen tragen auch viele Neubauten eine Holzfassade. Die Unesco schloss 1997 die Holzarchitektur sogar in das Weltkulturerbe Rīga ein.

Ein besonders gelungenes Beispiel ist das *Kalnciema Kvartāls (www.kalnciemaiela.lv)*. Die Brüder Kārlis und Mārtiņš Dambergs machten aus 23 vergammelten Bretterbuden wieder Perlen klassizistischer Holzhausarchitektur. Der von Lampions beleuchtete Innenhof mit Apfelbäumen ist Rīgas romantischster Ort an Sommerabenden und längst gut besuchter Treff der kreativen Szene. Mittwochs ist Street Food Festival *(ab 18 Uhr)*, donnerstags gibt es Gratiskonzerte *(ab 18 Uhr)*, samstagmorgens Bauernmarkt *(ab 10 Uhr)*. Das *Hofrestaurant Māja* ist bekannt seinen *Plov* mit Suchtgefahr.

Die Brüder übernahmen auch den wunderbaren täglichen *Agenskalns-Markt*. Um beide Märkte und entlang der Nometņu iela gibt es schöne kleine Cafés, z. B. das

Ultrahip: In den restaurierten Holzhäusern des Kalnciema Kvartāls trifft sich Rīgas Szenevolk

Ciemakukulis (ciemakukulis.lv) und Bistros, etwa *Fazenda (Fazenda.lv)* oder *Lokāls* Veldze *(Facebook: LokalsVeldze)*. Von der Altstadt *(Hauptbahnhof, Schützenplatz)* fährt die Straßenbahnlinie 10 nach Pārdaugava, Haltestelle *Kalnciema iela*.

INSIDER TIPP MOSKAUER VORSTADT (MASKAVAS FORŠTATE)

Hinter dem Hauptbahnhof, beidseits der *Gogola iela,* wandelt sich das Stadtbild: Altrussische Häuser säumen die Straßen, alles wirkt ein bisschen nostalgisch. Hier lebten seit alters her die russischen und viele jüdische Kaufleute und Bewohner Rīgas. Dominiert wird der Stadtteil von der *Lettischen Akademie der Wissenschaften* im Zuckerbäckerstil der Stalinära.

Die klassizistische *Jesuskirche (Jezus lut. baznīca)* ist das größte hölzerne Gebäude im Baltikum. Eine beeindruckende *Gedenkstätte (Rīgas Geto Musejs | tgl. 10–18 Uhr | Maskavas iela 14 a, Zugang Krasta iela | www.rgm.lv)* im restaurierten Speicherviertel erinnert an an die fast 30 000 Rīgaer Juden, die hier von den Nazis im Herbst 1941 in einem Ghetto zusammengetrieben und anschließend in den Wäldern außerhalb der Stadt erschossen wurden. Ein bedeutender Ort der Altgläubigen ist die *Grebenschtschikow-Kirche (Grebenščikova baznīca)* in der *M. krasta iela*. *Gottesdienste tgl. 8 und 17 Uhr*

NATIONALBIBLIOTHEK (NACIONĀLĀ BIBLIOTĒKĀ)

Eine der schönsten neuen Bibliotheken. Prunkstück: Der Daina-Schrank, mit dem Krišjānis Barons den Grundstein legte für die Sammlung der lettischen Volkslieder. Tolles Panorama vom 12. Stock. Schöner Shop. *Mo–Fr 9–20, Sa/So 10–17 Uhr | Mūkusalas iela 3 | www.lnb.lv*

NATIONALES KUNSTMUSEUM (LATVIJAS NACIONĀLAIS MĀKSLAS MUZEJS)

Prunkstücke des eleganten Kunstpalasts sind die Gemälde des Symbolismus, Ju-

Renaissance à la Disneyland: Das Schwarzhäupterhaus wurde in den 1990er-Jahren neu aufgebaut

gendstils und Impressionismus, etwa von Janis Rozentāls, Johann Walter, Vilhelms Purvītis, Gustavs Šķilters. *Di–Do 10–18, Fr 10–20, Sa/So 10–17 | Eintritt 6 Euro | Jaņa Rozentāla laukums 1 | lnmm.lv*

OKKUPATIONSMUSEUM (OKUPĀCIJAS MUZEJS)

Die Geschichte des lettischen Volkes während der deutschen Besatzung und der Sowjetzeit. „Schwarzer Sarg" wird der Bau von den Rīgaern genannt. *Tgl. 11–18 Uhr | Eintritt frei | wegen Umbaus z. Z. Raiņa bulvāris 7 | www.occupationmuseum.lv*

PETRIKIRCHE (PĒTERBAZNĪCA)

Rīgas höchste und schönste Kirche wurde erstmals 1209, damals als Holzbau, erwähnt. Der metallene Turm, 1973 fertig gestellt und 123,5 m hoch, prägt die Stadtansicht. Ein Lift bringt Sie 72 m hinauf zur zweiten Galerie, von wo man Altstadt, Ostsee und die Daugava im Blick hat. *Di–So 10–17.15 Uhr | Skārņu 19 | www.peterbaznica.lv*

SCHLOSS (RĪGAS PILS)

Erbaut um 1330, mehrmals zerstört und wieder aufgebaut, zuletzt 1515. Der *Heiliggeistturm* und die nördliche *Schlossmauer* sind die ältesten erhaltenen Teile. Im 18. und 19. Jh. wurde es in größerem Stil umgebaut. Heute ist das Schloss Sitz des Staatspräsidenten und des lettischen *Nationalmuseums (Mi–So 11–17 Uhr | www.history-museum.lv)*. Außerdem residieren hier auch noch das *Museum für ausländische Kunst* und das *Museum für Literatur, Theater und Musik*. *Pils laukums 3*

SCHWARZHÄUPTERHAUS (MELNGALVJU NAMS)

Im Zweiten Weltkrieg abgebrannt, in den späten 1990er-Jahren mit Millionenaufwand wieder aufgebaut. Neben dem gotischen Prachtbau der mittelalterlichen Junggesellenbruderschaft stehen *Roland* und *Rathaus* – auch diese Bauten sind Relikte der deutschen Herrschaft. *Di–So 10–17 Uhr | Ratslaukums 7*

ESSEN & TRINKEN

BIBLIOTEKA NO.1

Feine Küche ohne Schwellenangst: Das loungeartige Restaurant mit Blick in den Wörmannschen Garten *(Vērmanes Dārzs)* ist bei chilliger Musik und gedämpftem Licht ein Ort zum Wohlfühlen. Auch die internationale Kreativküche mit lettischem Touch ist überraschend und modern. Etwa die vegetarischen Blumenkohlvariationen – gebacken, als Creme und als Chips mit Rosinen, Pekannüssen, Edelschimmelkäse und Feigen. Oder die glasierte Ochsenbacke mit getrüffeltem Kartoffelpüree. *Terbates 2 | Tel. 20 22 50 00 | www.restoransbiblioteka.lv* | €€€

FAZENDA BAZARS

Als wäre Rīga ein Dorf in der Bretagne: Mediterran-lettische Wohlfühlküche in behaglichem Landhausambiente. Eigene Bäckerei, der Käsekuchen ist ein Muss. *Baznicas 14 | Tel. 28 00 22 79 | www.fazenda.lv* | €€

KAĻĶU VĀRTI

Dieses Edelrestaurant mit einem angeschlossenem Nachtclub in der Altstadt ist eine Rīgaer Institution. Nicht vor dem Nachtisch aufs Tanzbein hören und in den Club wechseln: Chefköchin Inga Cīrules Leidenschaft sind die Desserts. Nebenan im Bistro essen Sie ein bisschen günstiger. Im Sommer mit Biergarten auf dem Livenplatz. Und der Club wird auf die Dachterrasse erweitert. *Kaļķu 11a | Tel. 67 21 25 75 | www.kalkuvarti.lv* | €€€

Was ist im *Miit* besser – der Kaffee oder die schicken Räder? Schwer zu sagen, beides nehmen!

INSIDER TIPP MIIT-CAFE
Hier bestellt man Espresso und mietet anschließend ein Citybike: Der hippe Laden ist Café und Fahrradverleih zugleich. Vegetarische Speisekarte, guter Kaffee! *Lačpleša 10 | www.miit.lv |* €

RESTORANS 3
Stilvolles Altstadtrestaurant im nordischen Look mit großer Fensterfront. Die Köche folgen dem Nose-to-Tail-Ansatz, verwenden also alle Teile eines Tiers. Auch die Gemüse wandern mit Stumpf und Stiel in die Töpfe – wie in alten Zeiten. Bevorzugt werden Produkte aus der freien Natur, morgens im Wald gesammelte Pilze und Beeren, Wild direkt vom Jäger oder frisch geangelter Fisch. Die Zubereitung ist originell und hochklassig. *Kalēju 3 | Tel. 26 66 00 60 | www.restaurant3.lv |* €€€

INSIDER TIPP ROCKET BEAN ROASTERY
Dieser Duft! Durch die Glaswand schaut man beim Rösten zu. Das große Bistro im unverputzt-hippen Look ist ein Paradies für Kaffeefans. Auch leckeres Essen. *Miera iela 29–31 | Tel. 20 21 51 20 | www.rocketbean.lv |* €€

VALMIERMUIŽA
Leckere lettische Küche (z. B. geräucherter Schweinebauch) gibt es in der „Bierküche“. Das gemütliche Lokal gehört der gleichnamigen Edelbrauerei. Neben eigenen werden alle lettischen Craft-Biere ausgeschenkt. *A. Briāna iela 9 a | Tel. 20 26 42 69 | www.valmiermuiza.lv |* €

EINKAUFEN

Rīgas City ist eine einzige Shoppingmeile. In der Altstadt reiht sich eine Boutique an die andere, besonders feine Läden haben sich in der *Torna* angesiedelt. Die Edel-Labels der Modeszene residieren in der eleganten *Elizabetes.* Zu einem trendigen Einkaufsviertel für Designermode, Schmuck und Kosmetik mausert sich gerade die neustädtische *Tērbates* samt ihrer Nebenstraßen.

AGENSKALNS-MARKT

Die entspannte Alternative zum großen Zentralmarkt auf der anderen Flussseite. *Tgl. 7.30–19 Uhr | Nometņu iela 64 | Facebook: Āgenskclna tirgus*

BERGA BAZĀRS

Modeboutiquen, Buchläden, Weinhandlungen, Cafés und Kneipen rings um das 5-Sterne-Hotel *Bergs (www.hotelbergs.lv | €€€)* in den eleganten Arkaden eines stilvoll restaurierten Gründerzeitkomplexes. Auch Bioprodukte und Slowfood. *Marijas 13 | www.bergabazars.lv*

INSIDER TIPP BOLD

In diesem überstylishen Concept Store gibt es – überwiegend baltische, sonst etwa georgische – Mode, Möbel, Bücher. Dazu Café und Weinbar. *Mo–Fr 10–20, Sa 12–18 Uhr | Terbatas 75 a / www.boldconceptstore.lv*

ELINA DOBELE

Wer extravagantes Schuhwerk sucht: Elina Dobele macht es! Schräg, fantasievoll, ausgefallen – hier gibt es alles, nur nicht normal. *Valnu 22 | www.elinadobele.com*

GALLERIA RIGA

75 Läden über sieben Etagen. Von baltischer Mode (Ivo Nikkolo) bis zu Schuhen, Accessoires und Kinderartikeln. Schöne Sicht von den Dachterassen-Restaurants auf Rīgas Dächer. *Tgl. 10–21 Uhr | Dzirnavu 67 | galleriariga.lv*

VAĻŅU 4

Mode, Schmuck, Porzellan und viele andere schöne Mitbringsel, alles Made in Latvia. *Mo–Fr 11–19, Sa bis 18 Uhr | Vaļņu 4 | Facebook: Vaļņu 4*

ZENTRALMARKT (CENTRALTĪRGUS)

Berge von (Bio-)Gemüse und Obst, Brot und Gebäck in zahllosen Sorten, Fleisch, Butter, Blumen, Gewürze, Honig, Wolle, Fisch von Aal bis zum typischen Neunauge: Der Zentralmarkt in den einstigen Zeppelinhangars am Bahnhof ist der Bauch der Stadt. *Tgl. 8–18 Uhr | Pragas 1*

SPORT & WELLNESS

BALTA PIRTS

Traditionell mit dem Holzofen beheizte Sauna – so entspannen die Locals. Dazu Massagen, Pool und ein gemütliches Café. *Tgl. 8–21 Uhr | 15 Euro / Tallinas iela 71 / Tel. 67 27 17 33 / www.baltapirts.lv*

AM ABEND

BALZAMBARS

Kein Rīga-Besuch ohne den *Rīgas Melnais Balzams*, den lettischen Kräuterbitter. In der gemütlichen Kellerkneipe können Sie auch essen. *Mo–Do 11–23, Fr 11–2, Sa 12–2, So 12–17 Uhr | Torņa 4 | www.balzambars.lv*

INSIDER TIPP FOLKKLUBS ALA PAGRABS

Im urigen Kellerverließ hilft Rīgas freundlichster Service bei der Wahl zwischen 30 Bierzapfhähnen. Die Post-Folk-Bands bringen auch Tanzmuffel dazu, lettisch zu tanzen. Energienachschub liefert Hausmannskost wie Graue Erbsen mit Speck. *Tgl. 10–21 Uhr | Peldu19 | folkklubs.lv*

KAŅEPES

Alternativclub, Konzerthalle, Bar, Bistro, Kino, Institution. Vor allem ein Ort, um entspannt unter Locals eine gute Zeit zu haben. *Tgl. 10–21 Uhr | Skolas 15 | www.kanepes.lv*

LABIETIS BREWPUB
Reinheitsgebot? Langweilig. In die 40 Biere kommt Schafgarbe, Mädesüß oder Moosbeere. Dazu Indierock. *Tgl. 10–21 Uhr* | Aristīda *Briāna 9 a-2* | *labietis.lv*

LETTISCHE NATIONALOPER (LATVIJAS OPERA)
Klassikstars wie Elīna Garanča, Andris Nelsons, Kristine Opolais begannen hier Weltkarrieren, auch Tanzgott Mikhail Baryshnikov. Das prachtvolle Haus kann man auch besichtigen, es gibt Führungen (auf Engl.). *Aspazijas 3* | *Tel. 67 07 37 77* | *www.opera.lv*

SKYLINE BAR
Kein Geheimtipp mehr, aber der Blick von den Sofas im 26. Stock des Latvija-Hotels ist unschlagbar. Gute Cocktailkarte mit lokalem Touch und asiatische Snacks. *Tgl. 10–21 Uhr* | *Elizabetes 55* | *skylinebar.lv*

ÜBERNACHTEN

ART HOTEL LAINE
Freundliches, günstiges Jugendstilhotel. mit großen Zimmern und viel Kunst, dafür etwas angejahrt. *34 Zi.* | *Skolas 11* | *Tel. 67 28 98 23* | *www.laine.lv* | €

DOME HOTEL & SPA
Maßgefertigtes Interieur im nordischen Stil, dezenter Luxus, persönlicher Service. Inhabergeführt. Und trotz Domnähe so ruhig gelegen. Romantischer Blick von Sauna und Dachterrasse aus. Gutes Fischrestaurant. *15 Zi.* | *Miesnieku 4* | *Tel. 67 50 90 10* | *www.domehotel.lv* | €€€

NEIBURGS
Dieses gleich mehrfach preisgekrönte Apartment-Hotel liegt mitten in der Altstadt in einem der schönsten Jugendstilbauten. *55 Zi.* | *Jauniela 25–27* | *Tel. 67 11 55 22* | *www.neiburgs.com* | €€€

RADI UN DRAUGI
Eins der populärsten Hotels mitten in der Altstadt. Für Rīgaer Verhältnisse moderate Preise. *76 Zi.* | *Mārstalu 1–5* | *Tel. 67 82 02 00* | *hotelradiundraugi.lv* | €€

RIGAAPARTMENT GERTRUDA
Der Preis-Leistungs-Sieger. Hohe Decken, Holzböden, schönes Vintage-Design. Große Zimmer oder Wohnungen in einem renoviertem Altbau an einer schönen Straße. *19 Zi., 24 Apts.* | *Gertrudes 54* | *rigaapartment.cloudbeds.com* | €

AUSKUNFT
Rātslaukums 6 | *Tel. 67 03 79 00* | *www.liveriga.com*

ZIELE IN DER UMGEBUNG

ETHNOGRAFISCHES FREILICHTMUSEUM (ETNOGRĀFISKAIS BRĪVDABAS MUZEJS) (143 F3) (*G9*)
Alt-Lettland auf 100 ha: Über 100 Gebäude aus allen Provinzen des Landes wurden hier auf einem Areal am Juglas-See (etwa 10 km östlich der Innenstadt) zusammengetragen: Bauernhöfe, hölzerne Bockwindmühlen, ein ganzes Fischerdörfchen, eine Kirche sogar. Im *Museumsladen* gibt's INSIDER TIPP traditionelles Kunstgewerbe. *Tgl. 10–17 Uhr* | *Brīvības 440* | *Bus Nr. 1*

JŪRMALA (143 E4) (*F9*)
20 km vor den Toren Rīgas liegt der Badeort Jūrmala (56 000 Ew.). Ein Städtchen, das schon zur Zeit der Wende vom 19. zum 20. Jh. von den Rīgaern als eleganter Kur- und Badeort entdeckt wurde. Feinsandiger, 30 km langer Strand, flaches Wasser und eine lange Flaniermeile

Passender Rahmen für ein Stranderlebnis der eleganten Art: Jūrmala, Lettlands Riviera

machen den heutigen Reiz aus. Und die verspielten Holzhäuser, die leider immer mehr kitschigen Sommerpalästen „neuer Russen" weichen, die hier im Sommer den Ton angeben. So günstig wie gemütlich übernachten Sie in der *Villa Jūrmala (7 Zi. | Jomas 76 | Majori | Tel. 22025780 | www.villa-jurmala.lv | €)*. Klasse Burger und gute Livemusik serviert man im stilvollen *Roof BBQ (Jomas 37 | Majori | Tel. 27778867 | roofbbq.lv | €€–€€€)*. Auskunft: *Lienes 5 (Majori) | Tel. 67147900 | www.jurmala.lv*

SLĪTERE-NATIONALPARK

(142 C1) (*Ⓜ D7–8*)

In der Isolation als sowjetisches Militärsperrgebiet entwickelte sich um das raue *Kolkas rags (160 km nordwestlich)* ein wilder Küstenurwald, der den Kern des 160 km² großen Slītere-Nationalparks bildet. Am Kap stehen Trümmer eines Leuchtturms am „Strand der zwei Meere", wie die Einheimischen die einsame sturmumtoste Spitze zwischen Ostsee und Rīgaer Bucht nennen. Ein weiteres Seezeichen steht 5 km im Landesinneren (!): der rote Leuchtturm *Slīteres bāka* beim Dorf Slītere. Den Aufstieg zur Galerie belohnt aus 60 m Höhe ein grandioser Ostseeweitblick bis zur estnischen Insel Saaremaa. Der Weg vom Kolkas rags nach Ventspils führt an sechs ethnografisch geschützten Fischerdörfern vorbei, in denen die INSIDER TIPP letzten Liven leben, Lettlands kleinste Minderheit. Nationalparkzentrum: *Dundaga | Mai–Sept. tgl. 10–18 Uhr | www.slitere.lv*

INSIDER TIPP VAKARBUĻĻU-STRAND

(143 F3) (*Ⓜ F9*)

Die Alternative zu Jūrmala. Keine Beach Clubs, kaum Urlauber. Dafür viel (bewachter) Ostseestrand, Dünen und Wald am Rand von Rīga. *Bus 3 bis Pludmale (nur Sa/So)*

LITAUEN

Ganz anders seien sie als die Esten und Letten, emotionaler, südlicher halt, heißt es oft: Die Litauer seien so etwas wie die Italiener des Baltikums. Das ist vielleicht etwas übertrieben. Doch die größte der drei Ostseerepubliken, etwa so groß wie Bayern und von 2,8 Mio. Menschen bewohnt, unterscheidet sich schon in manchem von ihren Nachbarn. Litauer sind katholisch. Was sich aus der langen gemeinsamen Geschichte mit Polen erklärt. Gelebte Religiosität ist hier selbstverständlicher Teil der Alltagskultur. Kirchen mit dem markanten Doppelturm prägen im ganzen Land die Städte und Dörfer. Vielerorts säumen Kruzifixe und Marienstöcke Straßen und Wege. Doch typisch für die Litauer ist auch ihre starke Naturverehrung. Der Wald ist Litauens großer Mythos. Kurioserweise wurzelt diese Naturliebe im alten heidnisch-pantheistischen Glauben. Denn lange widerstand das Ostseevolk den Kreuzzügen der deutschen Ordensritter und blieb bis ins 14. Jh. hinein ungetauft. Dass sie die letzten Heiden Europas gewesen sind, erzählen die Litauer gern und hörbar stolz. Die Sommersonnenwende wird auch in Litauen groß gefeiert.

Landschaftlich bietet Litauen eine große Vielfalt: im Nordosten die Aukštaitija-Seenplatte, im Süden mineralische Heilquellen, mehr als 750 Flüsse zählt das kleine Land, das zu einem Drittel bewaldet ist. Die Küste misst zwar nur 99 km Länge, dafür birgt sie eine der berühmtesten Ostseelandschaften überhaupt: die Kurische Nehrung.

Bild: Dünen auf der Kurischen Nehrung

Sand am Meer: Schon seit Jahrhunderten erholen sich Urlauber an den Stränden des größten baltischen Landes

Litauens Geschichte ist die einer Vielvölkerrepublik. Schon immer verband dieses Land Ost und West.

KAUNAS

(150 C3) (*F15*) **Litauens zweitgrößte Stadt (300 000 Ew.) war zwischen 1920 und 1940 mal Regierungssitz. Heute sieht sich das selbstbewusste Handels- und Wirtschaftszentrum am Zusammenfluss von Nemunas und**

> **WOHIN ZUERST?**
> **Unabhängigkeits- oder Rathausplatz:** Ein Stadtbummel beginnt am Rathausplatz in der Altstadt oder auf dem Unabhängigkeitsplatz, jeweils an den Enden der Fußgängerzone *Vilniaus*/*Laisvės aleja* gelegen. Vom Bahnhof führen mehrere Buslinien dorthin. Autofahrer meiden besser das Stadtzentrum und parken auf dem Parkplatz an der Burg.

Neris immer noch gern als heimliche Hauptstadt.
Zwischen den Weltkriegen, als Vilnius von Polen besetzt war, saß die Regierung in Kaunas. Und bis heute schlägt in dieser Stadt das nationale Herz Litauens. Die

Das Perkūnas-Haus: bildschöne Hommage an den Ziegelstein

Universität heißt nach Großfürst Vytautas und die Fußgängerzone Freiheitsallee. Kaunas ist auch eine Stadt der Museen. Es gibt mehr als 30 Ausstellungen zu allem nur Erdenklichen der litauischen Geschichte, von Sport bis Militär *(www.muziejai.lt)*.

SEHENSWERTES

ALTE POSTDIREKTION (KAUNO CENTRINIS PAŠTAS)

In seiner kurzen Periode als Hauptstadt baute Kaunas in den späten 1920er- und 30er-Jahren in einer eigenen Bauhausvariante mit nationaler Symbolik und Jugendstiltouch. Prunkstück des Baustils ist die ehemalige Postdirektion *(Laisvės 102)* mit vielen Referenzen an die litauische Folklore. Schön sind auch die ehemaligen Botschaften in der Putvinskio. *Mo–Fr 9–19, Sa 9–14 Uhr | short.travel/btk17*

ALTSTADT (SENAMIESTIS)

Die Altstadt auf der Landspitze zwischen den Flüssen hat in ihren Gassen und Winkeln viel mittelalterlichen Charme bewahrt. Am Flussufer der Neris liegen die Reste der einst wehrhaften *Burg* Kaunas *(kaunomuziejus.lt)*, zum Teil rekonstruiert und zu besichtigen. Das ursprünglich gotische *Rathaus* von 1542 *(Keramikmuseum im Rathaus | Di–So 11–17 Uhr)*, „weißer Schwan" genannt, trägt nach diversen Umbauten auch barocke und klassizistische Züge und erinnert mit seinem 53 m hohen Turm eher an eine Kirche.
Auf der Ostseite des Rathausplatzes sind einige gotische *Kaufmannshäuser* erhalten *(Rotušės aikštė 1–3)*. An der Südseite steht die zweitürmige barocke *Stanislauskirche (Šv. Stanislovo bažnyčia)*. Die gewaltige Kathedrale von Kaunas, *St. Peter und Paul (Šv. Petro ir Povilo arkikatedra)* schließt im Nordosten an den Rathausplatz an. Sie ist das größte gotische Bauwerk in Litauen. Papst Franziskus besuchte sie 2018.

ČIURLIONIS-KUNSTMUSEUM (ČIURLIONIS VALSTYBINIS MUZIEJUS)

Der Maler und Komponist Mikolajus Konstantinus Čiurlionis (1875–1911) ist **der** litauische Nationalkünstler. Hier hängen etwa 360 seiner Gemälde und Zeichnungen. Im Musiksaal lässt sich nacherleben, wie das empfindsame Universalgenie aus der Waldstadt Druskininkai seine symbolistische Malerei in Klänge umsetzte. *Di–So 11–17, Do bis 19 Uhr | Putvinskio 55 | Führungen Tel. 37 22 94 75 | www.ciurlionis.lt*

FREIHEITSALLEE (LAISVĖS ALEJA)

Haupteinkaufsstraße von Kaunas, Autos sind hier tabu, ein Laufsteg zum Sehen und Gesehenwerden. Zusammen mit der Vilniaus bildet die Freiheitsallee zwischen Altstadt und Unabhängigkeitsplatz *(Nepriklausomybės aikšte)* die längste Fußgängerzone Europas. Geschäfte und Cafés, Banken, Hotels, die Hauptpost und das Zoomuseum, etliche Denkmäler und eine schöne Lindenallee säumen den schnurgerader Boulevard, der 1982 erste Fußgängerzone der Sowjetunion wurde.

PERKŪNAS-HAUS (PERKŪNO NAMAS)

Das Haus, nach dem heidnischen Donnergott benannt, baute im 16. Jh. ein Kaufmann. Die Fassade ist aus 16 Ziegelsteinarten gemauert und ein prachtvolles Beispiel spätgotischer Baukunst in Litauen. *Mo–Fr 10–16.30 Uhr | Aleksoto 6 | www.perkruonamas.lt*

INSIDER TIPP WEISER ALTER MANN

Ein barfüßiger Pfeifenraucher in einem roten Hausanzug ist das neue Symbol Kaunas. Er misst ganze 440 m² und das Künstlerkollektiv *Gyva Grafika* malte ihn 2013 auf die Hauswand einer stillgelegten Schuhfabrik.

Der weise alte Mann inspirierte viele weitere Graffiti-Künstler zu großformatigen Wandbildern, etwa melancholische Eisbären oder rosa Elefanten. Lokale Besonderheit: In Kaunas bemalt man die Wände statt sie zu besprühen. Kaunas Gassen und Hinterhöfe sind im Übrigen auch beliebte Bühne für Akrobatik, Musik und Skulpturen. Halten Sie die Augen offen! *Jonasvos 3*

ESSEN & TRINKEN

AVILYS

Im von Touristen umschwirrten „Bienenstock" ist Honigbier die Spezialität. Wer's mag. Das Essen ist aber auch ganz ordentlich, aufgetischt wird litauisch. *Vilniaus 32 | Tel. 37 20 75 52 | www.avilys.lt | €€*

MARCO POLO HIGHLIGHTS

★ **Berg der Kreuze**
Keiner kann zählen, wie viele Kreuze, Heiligenfiguren und Bittschriften hier eingesteckt sind → S. 84

★ **Kurische Nehrung**
Nur Wasser und Sand, aber beides in Hülle und Fülle → S. 84

★ **Gotisches Ensemble**
Zwei ungleiche gotische Kirchen in der Barockstadt Vilnius → S. 90

★ **Tor der Morgenröte**
Katholische Pilger aus ganz Osteuropa verehren das Bild Marias in der Vilniuser Kapelle auf dem Tor → S. 92

★ **Aukštaitija-Nationalpark**
Naturparadies mit vielen Seen und undurchdringlichen Wäldern → S. 96

★ **Trakai**
Trakai lockt mit gotischer Inselburg und schöner Seenlandschaft → S. 97

BONAS
Rustikal-gemütliches Ausflugslokal mit Blick über einen Badesee. Frisch zubereitete Hausmannskost. *Ežero 8 a | Tel. 650 132 66 | Facebook: Kavinė Bonas* | €

INSIDER TIPP SPURGINĖ
Süße oder salzige Krapfen, *Spurginė*, sind die lokale Spezialität. Und in diesem Lokal ist ihr Zuhause. Gesund geht anders, aber die Krapfen sind superlecker und günstig dazu. Das Ganze in Stil und Service echt sowjetisch. *Laisvės 84 | Facebook: Spurginė* | €

UOKSAS
Mit neuen Kochtechniken werden in diesem Restaurant alte Gerichte und Geschmäcker auch optisch spektakulär neu interpretiert. Zutaten regional und jahreszeitlich. Gemütliches Ambiente. *Maironio 28 | Tel. 686 3 88 81 | uoksas.weebly.com* | €€€

LOW BUDG€T

Kaunas' Seilbahn *Funikulerius* rumpelt zu den Aleksoto-Hügeln hinauf. Das Unikum von 1935 ist zwar nur zwei Minuten unterwegs, aber für 58 Cent sparen Sie 265 Treppenstufen und genießen oben gratis den herrlichen Panoramablick.

Zelten, im eigenen Camper schlafen, im Schlafsaal oder lieber im komfortablen Doppelzimmer? Im chilligen *Downtown Forest Vilnius* im verrückten Stadtviertel Užupis hat man die freie Wahl. Und alles für fast umsonst (ab 9 Euro). *Paupio gatvė 31 a | Tel. 68 68 45 23 | downtownforest.lt*

Eine halbe Autostunde nördlich von Vilnius liegt der Hügel Bernotai, der seit 1989 die geografische Mitte Europas markiert! Der sternenbekrönte Marmorobelisk, der zum EU-Beitritt über die berühmten Koordinaten gepflanzt wurde, lohnt ein symbolträchtiges Erinnerungsfoto. Eintritt? Europas Mitte ist (noch) kostenlos. Auf die Urlaubspostkarte gibt's hier auch einzigartige Sonderstempel – buchstäblich aus Mitteleuropa!

EINKAUFEN

Die schnurgerade *Freiheitsallee (Laisvės alėja)* ist die perfekte Shoppingmeile von Kaunas. Das große Kaufhaus *Merkurijus* befindet sich in Nummer 60. Beschaulicher ist allerdings die sich anschließende *Vilniaus gatvė* mit mehreren schönen Kunsthandwerksläden *(Vilniaus 25, Valančiaus 5, 20)*. Litauische Mode gibt es etwa bei *Minimal Muse (Vilniaus 23)*.

FREIZEIT & SPORT

BASKETBALL (KREPŠINIS)
Basketball ist Religion in Kaunas, der Verein *Žalgiris Kaunas* gehört zu Europas Topteams. Gespielt wird in der *Žalgirio Arena*, der größten des Baltikums vor 15 000 frenetischen Fans. *Tickets auf zalgiris.lt | Karaliaus Mindaugo pr. 50 | zalgirioarena.lt*

AM ABEND

BO BARAS
Pub, Imbiss, Bar, Club, Café – irgendwie alles in einem. Im Urvater aller Kneipen von Kaunas wird es abends rappelvoll. Meist läuft Indie-Rock oder Pop. *Muitinės 9 | Facebook: BO baras* | €

ÜBERNACHTEN

BEST WESTERN SANTAKA

Hinter der eher unscheinbaren Backsteinfassade in einer ruhigen Seitenstraße von Kaunas versteckt sich dieses feine Boutiquehotel. Mit Swimmingpool, Sauna und einem tollen Restaurant. *40 Zi. | Gruodžio 21 | Tel. 37 30 27 02 | santakahotel.eu* | €€€

INSIDER TIPP DAUGIRDAS

Dass hier schon Bond-Darsteller Daniel Craig übernachtete, hat dem preisgekrönten Haus viel Werbung beschert, dabei ist es auch ohne Promis jede Empfehlung wert: tolles, komfortables Altstadthotel, zentral und doch ruhig gelegen, gutes Restaurant. *54 Zi. | Daugirdo 4 | Tel. 37 30 15 61 | www.daugirdas.lt* | €€€

METROPOLIS

Nett angestaubtes Grand Hotel im Neobarock. 75 große Zimmer. *S. Daukanto st. 21 | Tel. 37 20 59 92 | www.metropolishotel.lt* | €

AUSKUNFT

Laisvės 36 | Tel. 37 32 34 36 | visit.kaunas.lt

ZIELE IN DER UMGEBUNG

ETHNOGRAFISCHES FREILICHTMUSEUM LITAUEN

(151 D3) (*F15*)

Aus dem ganzen Land zusammengetragen und originalgetreu wieder aufgebaut: Bauernhöfe, Dorfschulen, Windmühlen, Brunnen, Backöfen. Litauen im Kleinen, jede Region hat ihr eigenes Dörfchen. Mit inzwischen mehr als 180 Gebäuden und 88000 Exponaten auf einer Fläche von 200 ha zählt es zu den größten Freilichtmuseen Europas. Nehmen Sie sich Zeit für einen Bummel durch *Rumšiškės (20 km östlich von Kaunas)*. Am Wochenende oft

In der wie mit dem Lineal gezogenen Freiheitsallee von Kaunas reiht sich Shop an Shop

schöne INSIDER TIPP Kunsthandwerkermärkte und Folklorefeste. *Mai–Okt. Di–So 10–18 Uhr | auf der A1 Richtung Vilnius bis Abfahrt Rumšiškės | www.llbm.lt.*

KAUNASSER MEER UND KLOSTER PAŽAISLIS (150–151 C–D3) *(F15)*
Das Kaunasser Meer *(Kauno jūros)* ist ein Stausee, der größte Litauens, 93 km lang, entstanden durch ein 1954 gebautes Wasserkraftwerk am Nemunas. Es liegt am südöstlichen Stadtrand und ist beliebtes Ausflugs- und Wassersportziel.
Am westlichen Ufer liegt das *Kloster Pažaislis (Pažaislio vienuolynas)*, ein Meisterwerk des Barock. Die Nonnen führen gerne durch ihr Reich. Im Zentrum steht die majestätische sechseckige Klosterkirche, die Kuppel bringt es auf 53 m Höhe. *Di–So 11–17 Uhr | Kauno jūros 31 | Anmeldung für Führungen Tel. 37 75 64 85*
Untermieter auf dem Klostergelände ist das Hotel *Monte Pacis* mit teils pompös ausgestatteten Zimmern und Restaurant *(€€). 13 Zi. | Tel. 614 6 36 64 | www.pazaislisparkhotel.lt | €€€*

KĖDAINIAI (150 C2) *(F14)*
Litauens Gurkenhauptstadt! Das grüne Krummgemüse wird hier seit Jahrhunderten angebaut und verarbeitet, es gibt sogar Gurkenschnaps und ein INSIDER TIPP Gurkenfest im Juli.
Das beschauliche Städtchen (50 km nördlich) in der geografischen Mitte Litauens war in seiner Geschichte für noch etwas bekannt: dafür, religiös besonders tolerant zu sein. Bis heute erinnern daran zwei Synagogen, ein Minarett, sieben Kirchen. Eine ist etwas Besonderes: *St. Joseph,* eine barocke Stabkirche. Übernachten: *Grėjaus namas (18 Zi. | Didžioji 36 | www.grejausnamas.lt | €€). www.kedainiai.lt*

Litauen im Kleinformat: Im Freilichtmuseum Rumšiškės steht Historisches aus dem ganzen Land

KLAIPĖDA

(146 A3) *(B13)* **Klaipeda (195 000 Ew.) an der Mündung des Kurischen Haffs in die Ostsee ist Litauens „Tor zur Welt". Wirtschaftlicher Motor und Scharnier des Aufschwungs, den die drittgröß-**

te Stadt des Landes seit Jahren nimmt, ist der Hafen.

In Klaipėda fließen deutsche und litauische Geschichte ineinander. Fast sieben Jahrhunderte lang, von ihrer Gründung 1252 bis zum Kriegsende 1945, hieß die Stadt Memel und gehörte zu Ostpreußen. In der kleinen Altstadt mit ihren schachbrettförmig angelegten Straßen, den Speichern und Fachwerkhäusern ist immer noch der Charme der alten memelländischen Hansestadt zu spüren. Nach dem Krieg erhielt sie ihren frühmittelalterlichen litauischen Siedlungsnamen zurück, wie er im 9. Jh. erstmals aus dem Dunkel der Geschichte auftaucht: Klaipėda.

SEHENSWERTES

ALTSTADT (SINAMIESTIS)

Zwischen den kleinen Läden, Cafés und Galerien zieht der Alltag ganz beschaulich dahin. Die Altstadt wuchs als Handwerkerviertel. Die Straßennamen erzählen davon: Da gibt es eine Fischer- *(Žvejų)*, eine Schuster- *(Kurpių)* und eine Bäckerstraße *(Kepėjų)*, auch Schlosser *(Šaltkalvių)* und Schmied *(Kalvių)* haben jeweils ihre Gasse. In der *Didžioji Vandens* (Große Wasserstraße) spannt das *Kleinlitauen-Museum (Mažosios Lietuvos Istorios Muziejus | Di–Sa 10–18 Uhr | D. vandens 6 | www.mlimuziejus.lt)* eine weite Brücke über die ostpreußisch-litauische Kulturgeschichte, auch das kleine, aber originelle *Schmiedemuseum (Kalvystės muzeijus | Di–Sa 10–18 Uhr | Šaltkalvių 2)* ist einen Besuch wert.

LINDENSTRASSE (LIEPŲ GATVĖ)

Hinter der Börsenbrücke am nördlichen Ufer der Dane zweigt die schönste Straße der 1770 angelegten Neustadt ab, sie hat viel von ihrem Vorkriegscharme bewahrt. Wahrzeichen ist das neogotische *Hauptpostamt* (1893), das Carillon im Glockenturm erklingt an Wochenenden zu Mittag mit wechselnden Melodien, etwa dem „Ännchen von Tharau". Nebenan im *Uhrenmuseum (Laikrodžiu muziejus | Di–So 12–18 Uhr | Liepų 12r | www.mlimuziejus.lt)* sind Zeitmesser von der Sanduhr bis zum Atomchronometer zu sehen.

INSIDER TIPP MERIDIANAS

Am Ufer der Danė liegt das schwimmende Wahrzeichen Klaipėdas vertäut: der Dreimaster Meridianas. 1947 im finnischen Turku gebaut, lief die hölzerne

NO LITHENGLISH, PLEASE!

In Litauen hat man eine zehnköpfige Sprachinspektion eingerichtet, die Gesetzesbrecher mit zu loser Zunge verfolgt. Das heimische Sprachgesetz nämlich sieht vor, dass das Litauische nicht nur fehlerfrei, sondern auch ohne Anglizismen und andere Fremdwörter benutzt werden muss. E-Mail etwa hat *Elektroninis paštas* zu heißen. Die Inspektoren verhängen Strafen gegen Redakteure oder Moderatoren, die zu viele Fehler machen. Schließlich ist Litauisch eine alte und kleine Sprache, die besonders gehegt sein will. Nur: Im Alltag darf auch in Litauen jeder reden, wie ihm der Schnabel gewachsen ist und die Inspektoren sind machtlos gegen Anglizismen wie *Biznismenis* (Geschäftsmann) oder *Surprizas* (Überraschung).

Barkentine bis 1969 als Segelschulschiff der Klaipėdaer Seefahrtsschule auf der Ostsee. Nach einer Havarie musterte man sie aus, am Danė-Kai verkam sie mit der Zeit zur Kantine und vergammelte regelrecht. Als man sie 2012 in die Werft schleppte, war es die Rettung in letzter Minute. Ende 2014 eröffnete man den stolzen Großsegler wieder, nun als nobles Restaurant mit empfehlenswerter Schiffsbar. Ein Teil der Meridianas ist Museum *(tgl. 12–16 Uhr | Führungen/Reservierung Tel. 601 3 18 66 | www.restoranasmeridianas.lt)*, man kann es besichtigen.

THEATERPLATZ (TEATRO AIKŠTĖ)

Er ist der zentrale Platz der Altstadt. Seinen Mittelpunkt bildet der *Simon-Dach-Brunnen* mit einer Ännchen-von-Tharau-Figur *(Taravos Anikė)*, der Darstellung jener Frauengestalt, die der memelländische Dichter Simon Dach in dem gleichnamigen bekannten Lied verliebt besungen hat.

ESSEN & TRINKEN

BAMBOLA

Die Pizzeria ist eine Institution in Klaipėda, lecker und unschlagbar günstig. *H. Manto 1 | Tel. 46 31 22 13 | www.bambolapica.lt* | €

Wo das Ännchen über allem steht: Simon-Dach-Brunnen auf dem Theaterplatz von Klaipėda

FRIEDRICH-PASSAGE

Die kleine Altstadt-Passage vereint mehrere Restaurants verschiedener Küchen unter einem Dach, Sie haben die Wahl zwischen mediterran, einer Pizzeria, einem Steakhouse und herzhaft-litauischer Kost. Sogar ein gemütliches und gut bestücktes Weinlokal gibt's. Der Name der Passage erinnert übrigens an Friedrich Wilhelm III., der das damalige Memel, vor Napoleon fliehend, eine Zeitlang zur Hauptstadt Preußens machte. *Tiltų 26a | Tel. 46 41 10 76 | www.pasazas.lt* | €€–€€€

MOMO GRILL

Die besten Steaks der Stadt, leckere vegetarische Gerichte und Salate, auch die

Fischspezialitäten vom Grill – schlichtweg perfekt. Am besten reservieren. *Lipų 20 | Tel. 693 123 55 | www.momogrill.lt* | €€

INSIDER TIPP STORA ANTIS

Hier speisten schon etliche litauische Promis, denn die „Dicke Ente" ist wirklich der Hotspot unter Klaipėdas gastronomischen Adressen – ein wunderbar romantisches Restaurant unter den Gewölben eines Altstadtkellers, erstklassige Küche: gefüllte Pute, Pilzgerichte, russische Soljanka. Und natürlich auch Ente. Zum Nachspülen Wodka mit Meerrettich! *Tiltų 6 | Tel. 46 49 39 10 | www.storaantis.lt* | €€€

EINKAUFEN

Klaipėdas Haupteinkaufsstraßen sind die *H. Manto* und die *Tiltu.* Interessante Läden hat z. B. die Friedrich-Passage *(Tiltų 26a).* Kunsthandwerk und Bernstein gibt's v. a. in der Altstadt und bei den Straßenhändlern am Theaterplatz. Stadtpläne und gute Landkarten hat der Buchladen *Akademija (S. Daukanto 16).*

AUTENTIC

Große Auswahl an Bernsteinschmuck und Nehrungs-Souvenirs, direkt an der Börsenbrücke. *Zveju 4*

INSIDER TIPP GALERIJA PĖDA

In dieser Galerie gibt es die stilvollen Schmuckarbeiten des litauischen Künstlers Vytautas Karčiauskas, die ihren Preis haben. Am Wochenende untermalt Klaviermusik Shoppen und Schauen. *Tgl. 10–19 Uhr | Turgaus 10 | www.karciauskas.com*

ZENTRALMARKT (TURGAUS)

In der alten Markthalle wird täglich von 6–18 Uhr mit Fisch, Fleisch, Milchprodukten, Obst und Gemüse, Honig und allem gehandelt, was Garten, Feld und Wälder gerade so hergeben. *Turgaus aikšte*

AM ABEND

HERKUS KANTAS

Gemütlicher Altstadtpub, im Sommer gibt es schöne Draußenplätze. Gegen trockene Kehlen werden zehn Sorten Bier geboten, einheimische Kreationen nebst Bieren aus Lettland, Tschechien und Deutschland; auch gut essen kann man hier. *Kepėjų 17 | Tel. 685 8 73 38 | www.herkuskantas.lt* | €€

JAZZPILIS

Groovy! In diesem Livemusikclub wird bis in den frühen Morgen gejazzt, gefunkt oder abgerockt. Freundliche Atmosphäre, gute Snacks und Drinks. *Tgl. 18–4 Uhr | Pilies g. 6 | Tel. 677 8 18 99 | jazzpilis.lt*

ÜBERNACHTEN

LITINTERP

Einfaches B & B in einem ruhigen Haus aus dem 17. Jh. – in einigen Zimmern sieht man das alte, unverputzte Mauerwerk. Extrem günstig. *19 Zi. | Puodzio 17 | Tel. 46 41 06 44 | www.litinterp.lt* | €

NATIONAL

Eleganter 4-Sterne-Komfort mit luxuriösen Zimmern in einem traditionsreichen Altstadtpalais, das seit über 150 Jahren als eine der feinsten Hoteladressen im alten Memel gilt. Direkt am Theaterplatz. *50 Zi. | Zveju 21/Teatro 1 | Tel. 46 21 11 11 | www.nationalhotel.lt* | €€€

INSIDER TIPP OLD MILL HOTEL & OLD MILL CONFERENCE

Rings um den Kastell-(Yacht)hafen ist ein hübsches kleines Ensemble aus neuen und restaurierten Fachwerkhäusern entstanden, in zwei von ihnen residieren diese beiden komfortablen, von einem Besitzer betriebenen Hotels. Einige der Zimmer mit Blick auf Schiffe und

Nehrung. *31 u. 15 Zi. | Žvejų 22 u. 20 | Tel. 698 739 01 u. 3 36 64 | www.oldmillhotel.lt u. www.oldmillconference.lt* | €€

INSIDER TIPP PRELIUDIJA
Mitten in der Altstadt versteckt sich diese kleine Pension. Sechs schöne Zimmer und freundlicher Service hinter der Fassade eines denkmalgeschützten Hauses. *Kepeju 7 | Tel. 46 31 00 77 | www.preliudija.com* | €€

AUSKUNFT

Turgaus 7 | Tel. 46 412186 | www.klaipedainfo.lt

ZIEL IN DER UMGEBUNG

BERG DER KREUZE (KRYŽIŲ KALNAS)

★ ● (147 E2) *(🕮 E12)*
Ein Hügel übersät mit Kreuzen erhebt sich mitten in unbewohnter Umgebung. Seit der Zarenzeit stecken Pilger hier Kreuze in den Boden, hinterlassen kleine Jesusfiguren oder auch papierene Botschaften – niemand kann zählen, wie viele christliche Symbole hier angebracht wurden. Wenn Sie auch ein Kreuz hinterlassen wollen: Am Parkplatz werden welche verkauft. *Ca. 170 km von Klaipėda. Fahren Sie auf der A 11 nach Šiauliai. Dann auf der A 12 in Richtung Rīga, dem Wegweiser Kryžių kalnas folgen.*

KURISCHE NEHRUNG (KURŠIŲ NERIJA)

(146 A3–4) *(🕮 B13–14)* ★ ● **Bis zu 70 m hoch aufragende Wanderdünen, malerische Fischerdörfer, Kiefernwälder und nicht enden wollender Strand:**

Wallfahrtsort seit 600 Jahren: Inzwischen sieht man den Berg vor lauter Kreuzen nicht mehr

Die Kurische Nehrung zählt zweifellos zu den eigenartigsten und schönsten Küstenlandschaften Europas.
Das fand schon Wilhelm von Humboldt: Man müsse sie gesehen haben, solle einem nicht ein wunderbares Bild in der Seele fehlen, schwärmte er 1809. Thomas Mann ließ sich hier ein Sommerhaus bauen, Impressionisten wie Lovis Corinth malten gegen ihre Zivilisationsmüdigkeit an. Fast 100 km lang und an der schmalsten Stelle nur 350 m breit, trennt die säbelförmig geschwungene Landzunge die Ostsee vom Kurischen Haff, einer Süßwasserlagune dreimal so groß wie der Bodensee. Die Kurische Nehrung ist heute geteiltes Land. Ihr Norden gehört zu Litauen, die südliche Hälfte zur russischen Exklave Kaliningrad (Königsberg). Beide Seiten haben die Nehrung zum Nationalpark erklärt, die Unesco nahm sie 2001 in das Weltnaturerbe auf. Beachten Sie die strengen Schutzgebote! Am Nationalparkeingang bei Alksnynė müssen Autofahrer eine Umweltgebühr *(20 Euro/ Hauptsaison, 5/Nebensaison)* entrichten. Von Klaipėda setzen Fähren zur Nehrung über. In den Kosten für die Passage *(Auto 12,30 Euro)* ist die Rückfahrt jeweils inbegriffen. Fährplan: *www.keltas.lt*

SEHENSWERTES

BERNSTEINMUSEUM UND GALERIE (GINTARO MUZIEJUS)
Kazimieras Mizgiris und seiner Frau fallen täglich neue Dinge ein, die man aus Bernstein machen kann. *Sept.–Mai tgl. 10–19, Juni–Aug. 9–21 Uhr | Pamario 20 | Nida | Tel. 469 5 27 12 | www.ambergallery.lt*

GROSSE DÜNE (PARNIDŽIO KOPA)
Die schneeweißen Ausläufer der Düne, der höchsten Wanderdüne Europas, sieht man bereits von Nida aus. Klettern Sie auf keinen Fall die Sandwände hinauf. Das ist aus Naturschutzgründen streng verboten. *Befestigte Wege ab Nida. Anfahrt PKW: Von der Taikos gatve geht eine Straße zu den Dünen (kopos) hin ab.*

THOMAS-MANN-HAUS (TOMA MANNO NAMAI)
An der Küste bei Nida gönnte sich der Literaturnobelpreisträger ein Sommerhaus. Die kleine Ausstellung zeigt einige Fotos und Schriftstücke des Literaten, außerdem werden hier Tagungen und im Juli das Thomas-Mann-Festival veranstaltet. *Di–So 10–18 Uhr | zu Fuß über die Pamario-Straße (Wegweiser) | Skruzdynės 17 | Tel. 469 5 22 60 | www.mann.lt*

ESSEN & TRINKEN

FISHERIA
In Nida gibt es zwei Plätze für Meeresbewohner: die See oder die Fisheria. Heilbutt oder Lachs sind so frisch, dass die Frage lautet: Genießen – oder durch Mund-zu-Kiemen-Beatmung wiederbeleben? *Taikos g. 5 | Tel. 641 9 77 29 | Facebook: Fisheria Nida | €*

NIDOS SEKLYČIA
Von allen Café-Restaurants hier seit Jahren mit das beste. Zu essen gibt's litauische Spezialitäten, natürlich Fisch (Zander!), auch richtig gute Weine sind im Angebot. Bei all dem sitzt man mit schönem Nehrungsblick im Vorgarten eines roten Altniddener Fischerhauses. *Lotmiškio 1 | Tel. 469 5 00 00 | www.neringaonline.lt | €€€*

INSIDER TIPP SENA SODYBA
Tik pas Jona – „nur bei Jonas" gibt es so herrlichen Fisch. Lokal im üppigen Garten eines Altniddener Fischerhauses mit herrlichem Haffblick. *Naglių 6 | Nida | Tel. 652 123 45 | www.senasodyba.lt | €€*

FREIZEIT & SPORT

Vom Hafen legen im Sommer jeden Tag Ausflugsschiffe zu Fahrten auf dem Haff und hinüber zum Memeldelta ab. INSIDER TIPP **Heuern Sie auf einem Kurenkahn an**. Die schweren Segler aus Eichenholz, an der altertümlichen Takelung zu erkennen, sind Kopien jener Fischerboote, von denen es vor dem Krieg auf der Nehrung über hundert gab.

Machen Sie es wie die Kuren und lassen Sie sich von Nida aus aufs Haff hinaussegeln

Heute sind die (drei) *Kurėnas* mit den rotbraunen Segeln, Seitenschwertern und den Kurenwimpeln am Mast wieder Wahrzeichen von Nida *(Buchung Tel. 469 5 23 51)*. Boots- und Fahrradverleih etwas weiter Richtung Düne: *Lotmiškio 2 | Tel. 469 5 28 28;* in Preila: *Preilos 39 | Tel. 469 5 23 28*

STRAND

Litauische Touristen gehen am liebsten zu Fuß durch den bewaldeten Landstrich hinüber zur Seeseite. *Sandstrand an der gesamten Westküste der Nehrung | mehrere Stichstraßen zweigen ab von der Fernstraße | Zubringerbus am Hafen Nida*

ÜBERNACHTEN

INKARO KAIMAS

Kleine Privatpension im historischen Fischerhaus direkt am Haff, sehr beliebt. *6 Zi. | Naglių 26-1 | Nida | Tel. 469 5 21 23 | www.inkarokaimas.lt* | €€

ORA NIDA

Das einzige Aparthotel zur Seeseite der Kurischen Nehrung. Gut eingerichtete kleine Ferienwohnungen mit Balkon. *20 Apts. | Smolensko g. 5 | Tel. 618 8 20 95 | oronida.lt* | €€

VILA BANGA

Das rotweißblaue Holzhaus sieht aus wie aus dem Nehrungsbilderbuch. Unterm

Schilfdach gibt's sieben gemütliche Zimmer. *Pamario 2 | Nida | Tel. 686 0 87 03 | www.nidosbanga.lt* | €€

AUSKUNFT

Taikos 4 | Nida | Tel. 469 5 23 45 | www.visitneringa.com

PALANGA

(146 A2) (*🕮 B12*) **Der litauische Kur- und Badeort (15 000 Ew.) wird für zwei Monate im Jahr zum Mallorca des Baltikums.**

Vor allem die Litauer selbst machen hier Urlaub in der kurzen litauischen Badesaison. Palangas Lebensachse ist die *Basanavičiaus gatvė*, deren meerseitiges Ende als 600 m langer Pier hinaus ins Meer ragt. Im Rest des Jahres geht es in Palanga entspannter zu, Fango statt Feiern steht dann dort auf dem Plan.

SEHENSWERTES

BERNSTEINMUSEUM (GINTARO MUZIEJUS)

4500 Bernsteinexponate sind hier zu sehen, viele davon mit eingeschlossenen Insekten. Das Museum ist untergebracht im Anwesen des litauischen Grafen Tiškevičius, auf dessen Sammlung die Ausstellung basiert. Im Park liegt der *Birute-Hügel*, eine heidnische Kultstätte, er gilt als Geheimtipp für Liebespaare. *Juni–Aug. Mo–Sa 10–20, So 10–19, Sept.–Mai Di–Sa 11–17, So 11–16 Uhr | Vytauto 17 | www.pgm.lt*

ESSEN & TRINKEN

In der Basanavičiaus reiht sich auf ihrem Weg zum Meer ein Lokal an das nächste, da ist für viele Geschmäcker gesorgt. Allerdings wird es vor allem abends ziemlich laut, weil jede Bar ihre Gäste mit Musik beschallen zu müssen meint. Ohren auf bei der Terrassenwahl!

FELIKSAS

Herzhafte, gute Küche gibt es im Restaurant des Hotels *Tauras*. Auch Frühstück ab 7 Uhr. *Vytauto 116 | Tel. 460 4 84 21 | www.feliksas.lt* | €€

VILA RAMYBĖ

Zu entspannender Musik wird in diesem Restaurant gutes Essen serviert. *Ramybė* heißt Ruhe, und die ist ein sehr kostbares Gut im quirligen Palanga. Auch das dazugehörige *Hotel* in der Holzvilla *(13 Zi. | €€)* ist empfehlenswert. *Vytauto 35 | Tel. 460 5 41 24 | www.vilaramybe.lt* | €€

ŽUVINĖ

Palangas bestes Fischrestaurant, allerdings auch teuer. Mit seinen großen Glasgiebeln macht das Lokal ordentlich was her. Kaum regionaler Fisch. *Basanavičiaus 37 a | Tel. 460 4 80 70 | www.zuvine.lt* | €€

FREIZEIT & SPORT

FAHRRADVERLEIH DVIRAČIŲ NUOMA

Fahrräder, Kinderanhänger und -sitze, auch Rikschaverleih. *Tgl. 9–22 Uhr | Jūratės 37 | Tel. 8 600 0 19 01 | short.travel/btk10*

WASSERSPORT-GERÄTE

Verleih von Surfboards, Tretbooten und Jetskis am Strand in der Nähe der Seebrücke *(Tel. 460 5 38 34)* und an der Seenotrettungsstation *(Žvejų 2)*. 6 km nördlich von Palanga gibt es am Kunigiškės Strand eine gute *Windsurfbasis (Tel. 657 6 43 13 | www.seaparadise.eu)*.

STRAND

Der Strand von Palanga ist herrlich breit und feinsandig, allerdings im Sommer zu beiden Seiten der Seebrücke oft überfüllt. Doch auf den 24 km zwischen Nimerseta und Sventoji ist es nicht schwer, ruhige Abschnitte zu finden. FKK-Anhänger achten bitte unbedingt auf die Schilder, Nacktbaden ist in Litauen nicht verbreitet, da herrschen immer noch strenge Sitten.

AM ABEND

An jedem Sommerabend verwandelt sich die *Basanavičiaus*-Straße in eine einzige Musik- und Kneipenmeile. Wer gern drei Bands gleichzeitig hört, ist hier richtig: So geht eben Party in Palanga.

VANDENIS CLUB

Eine der beliebtesten Musikbars Palangas, oft Livebands, good vibrations. *Mai–Okt. tgl. | Birutes 47, am Botanischen Park | www.vandenis.lt*

ÜBERNACHTEN

KERPĖ

Relativ neues Mittelklassehotel, ruhig gelegen und doch mitten im Zentrum. Die Zimmer sind modern und durchaus elegant eingerichtet, viel Glas, großes Bad. Freundlicher Service, für Fahrradgäste gibt eine Velogarage, Autos stehen kostenlos auf dem hauseigenen Parkplatz, das erspart ein großes Problem in Palanga. *23 Zi. | Vytauto 76 | Tel. 460 5 23 79 | www.kerpehotel.lt* | €€

PALANGA

In diesem schicken Design-Kurhotel bleibt kein Wunsch offen: 5-Sterne-Luxus mit viel Glas, viel Weiß, viel Schwarz und allem Drum und Dran von Pool bis Spa. *46 Zi. | Birutes 60 | Tel. 460 4 14 14 | www.palangahotel.lt* | €€€

PALANGOS VETRA

Das neue, komfortable 3-Sterne-Hotel liegt in einer ruhigen Nebenstraße am Park. Das Haus bietet seinen Gästen auch einen Pool. Günstige Wochenendangebote. *31 Zi. | S. Daukanto 35 | Tel. 460 5 30 32 | www.palangosvetra.lt* | €€

AUSKUNFT

Vytauto 94 | Tel. 460 4 88 11 | www.palangatic.lt

ZIELE IN DER UMGEBUNG

KRETINGA (146 A2) (*🕮 B12*)

Der Ort (10 km von Palanga) birgt ein botanisches Kleinod: das wieder aufgebaute INSIDER TIPP tropische Gewächshaus, das der litauische Graf Tiškevičius einst hegte und pflegte. Im Gewächshaus, im tropischen Klima, können Sie im *Pas Grafč* angenehm speisen oder einen Kaffee trinken. Ein Heimatmuseum gehört auch noch dazu. *Di–So 12–23 Uhr | Vilniaus 20 | Tel. 445 5 13 66 | www.kretinga.lt*

ŽEMAITIJA-NATIONALPARK (146 B2) (*🕮 C12*)

Ein 220 km² großes Stück malerisches Baltikum aus Wäldern und eiszeitlichen Hügelketten, 65 Flüssen, 27 glasklaren Seen: Das ist Litauens jüngster Nationalpark (60 km östlich von Palanga), ein Paradies für Naturfans, Kanuten und Wanderer. Mehrere Ferienzentren und die Dörfer bieten einfache, ordentliche Übernachtungsmöglichkeiten. Zentrum des Parks ist *Plateliai*, dort befindet sich auch die *Touristeninformation (Didžioji 8 | Tel. 448 4 92 31 | www.zemaitijosnp.lt)*. Bei *Plokštinė* hat man einen ehemaligen Atomraketenbunker in ein

Langer Strand, flaches Meer: Palanga ist der größte Badeort Litauens

Museum (Mai–Sept. Di–So 9–17 Uhr) verwandelt. Bis 1987 steckten in den 30 m tiefen Schächten sowjetische Interkontinentalraketen.

VILNIUS

KARTE IM HINTEREN UMSCHLAG (151 E–F4) (*H15–16*) **An Sommertagen scheint Vilnius Rom oder Bari näher zu sein als Rīga. Rauschender Barock und Boheme-Charme prägen den besonderen Charakter der litauischen Hauptstadt (540 000 Ew.).**

In Nordosteuropas größter Altstadt drängen sich prachtvoll restaurierte Bürger- wie Kaufmannshäuser und nicht weniger als 50 Kirchen umeinander. Alles scheint hier Geschichte zu atmen: die einstigen Klöster mit ihren verwinkelten Innenhöfen, die Universität, älteste des Baltikums und eine Stadt in der Stadt, der Großfürstenpalast am Kathedralenplatz, wiederaufgebaut zur 1000-Jahr-Feier Litauens. Zugleich wachsen Hochhäuser aus Glas und Stahl in die Skyline, etwa der fast 130 m hohe *Europos-Turm*. Und Stararchitekt Daniel Libeskind bereichert das Stadtbild künftig mit einem geschwungenen Wolkenkratzer und dem Museum für Moderne Kunst, kurz Mo genannt, das 2018 eröffnet wurde.

CITY **WOHIN ZUERST?**
Kathedralenplatz: Vilnius' beliebtester Treffpunkt bietet sich als Start für den Stadtbummel zu Fuß an. Autofahrer parken ihren Wagen am besten irgendwo sicher während des Aufenthalts. In Vilnius' Zentrum braucht man keinen Wagen. Gebührenpflichtige Parkplätze gibt es z. B. längs der *B. Radvilaitės gatvė* südöstlich des Platzes, Parkhäuser am *Gediminas-Prospekt 9 a* und in der *Tilto gatve 14*. Vom Hauptbahnhof fahren viele Buslinien *(z. B. 10, 11, 33)* am Kathedralenplatz vorbei, Haltestelle *Arkikatedra.*

Vilnius war schon immer ein Schmelztiegel der Kulturen. Für die osteuropäischen Juden war *Vilne* jahrhundertelang ein geistiges Zentrum. Toleranz prägte den Geist dieser Stadt, und das heutige Vilnius bemüht sich, daran anzuknüpfen.

SEHENSWERTES

BURGBERG (GEDIMINO KALNAS)

Den Aufstieg lohnt schon allein der Blick, der sich von dem 140 m hohen Hügel und noch besser vom wuchtigen achteckigen *Gediminas-Turm (Gedimino bokštas)* auf die Altstadt bietet. Drinnen erinnert ein *Museum (Di–So 11–17 Uhr | Arsenalo 5 | www.lnm.lt)* an die Obere Burg, die hier einst thronte – gegründet 1323 von Großfürst Gediminas, er machte Litauen mächtig und Vilnius zur Hauptstadt. Vom Hof des *Alten Arsenals (Arsenalo 3)* aus fährt auch eine kleine INSIDER TIPP Seilbahn zum Burgberg hinauf.

GEDIMINOS PROSPEKTAS

Schnurgerade führt die belebte Magistrale des modernen Business-Vilnius vom Kathedralenplatz fast 2 km bis zum *Parlament (Seimas)* am *Nepriklausomybės aikštė,* dem *Unabhängigkeitsplatz,* wo noch Reste der Barrikaden an den Freiheitskampf von 1991 erinnern. Unterwegs kommen Sie am *Schauspielhaus* mit der ausdrucksstarken Skulptur „Fest der drei Musen" vorbei und überqueren die Vilniaus am *Savivaldybės aikštė,* dem wohl belebtesten Platz der Innenstadt mit neuem Rathaus und dem Regierungspalast.

GOTISCHES ENSEMBLE (SV. ONOS IR BERNADINŲ BAŽNYČIA) ★

Mitten aus dem rauschenden Barock, der Vilnius prägt, leuchtet ziegelrot eine Perle der Backsteingotik: Die anmutige, aus 33 Ziegelarten erschaffene *Annakirche.* Gegen die filigran verspielte Symmetrie ihres Westgiebels wirkt die 1519 erbaute *Bernhardinerkirche* nebenan schlicht und

Erinnert eher an einen griechischen Tempel als an eine Kirche: die Kathedrale St. Stanislaus

schwer. Zusammen bilden die ungleichen Geschwister das berühmte Gotische Ensemble. *Annakirche | Mo–Sa 10–15, So 8–13 Uhr | Maironio 8*

Ein drittes Gotteshaus steht gegenüber: die Renaissancekirche *St. Michael.* Wen litauische Baustile interessieren: Sie beherbergt das *Architekturmuseum (Architekturos muziejus | Mi–Mo 11–17 Uhr).* Gleich hinter dem Gotischen Ensemble schmiegt sich der *Sereikiškės-Park* in die Flussschleife der Vilnia. Die ehemaligen Klostergärten, älteste Parkanlage der Stadt, sind herrlich für eine Pause von der vielen Baukunst.

KATHEDRALENPLATZ (ARKIKATEDROS AIKŠTĖ)

Mit ihren schneeweißen dorischen Säulen und den Heiligenskulpturen auf dem Säulenportikus erinnert die erzbischöfliche Kathedrale *St. Stanislaus (Arkikatedra bazilika)* eher an einen griechischen Tempel, 1783 im Stil des Klassizismus gebaut. Innen birgt sie einen schönen Barockaltar und Gemälde, am berühmtesten aber ist die *Kasimir-Kapelle,* in der Litauens Nationalheiliger begraben liegt. Der 57 m hohe, freistehende Glockenturm erinnert im Sockel noch an die Untere Burg, Keimzelle von Vilnius.

Auch der Glockenturm der Kathedrale ist öffentlich zugänglich. An dieser Stelle ließ König Mindaugas 1251 die erste Kirche Litauens bauen. Um sie herum wuchs die Burg. Das Herzstück dieser im 18. Jh. geschleiften Anlage, der prachtvolle *Großfürstenpalast (Valdovu rumai | Di–Fr 11–18, Sa/So 11–16 Uhr | www.valdovurumai.lt),* wurde in acht Jahren Stein für Stein nach historischem Vorbild wieder aufgebaut. Man kann ihn besichtigen. Im Innenhof sind unter Glas die imposanten Reste historischer Mauern zu bestaunen – ein Blick hinab in litauische Frühgeschichte.

KGB-MUSEUM (GENOCIDO AUKŲ MUZIEJUS)

Die Zentrale des sowjetischen Geheimdiensts KGB ist heute ein Museum für die Opfer des Völkermords. Englischsprachige Führungen. *Di–So 10–17 Uhr | Aukų 2 A, am Gediminas-Prospekt | Tel. 5 49 62 64 | www.genocid.lt*

MO MUSEUM (MODERNAUS MENO MUZIEJUS)

Wie eine Designerlampe auf dem Trödelmarkt sitzt der wuchtige weiße Museumskubus inmitten zweistöckiger klassizistischer Wohnhäuser. Spektakulär ist die stufenartige, begrünte Dachterrasse auf der Rückseite. Spendiert haben das offen und licht gestaltete neue Museum für die moderne Kunst Litauens die Biotechunternehmer Viktoras Butkus and Danguole Butkiene, für die Gestaltung heuerten sie den renommierten Architekten Daniel Libeskind an. Fast 4500 Kunstwerke sind zu sehen, vom Gemälde bis zur Videoinstallation. *Sa–Mo, Mi/Do 10–20, Fr 10–22 | Eintritt 7 Euro | Literatų 8 | www.mo.lt*

Schon vor der Eröffnung des Hauses haben die Mo-Macher ein kostenloses Kunstprojekt direkt vor der Tür des neuen Museums initiiert: *Sprechende Statuen (Vilniaus Kalbančios Skulptūros | short.travel/btk15).* 16 Skulpturen erzähen Ihnen etwas, wenn Sie Ihr Handy über den *tag* an der Statue ziehen. Frank Zappa singt seine Story sogar. Texte und Stimmen stammen von prominenten litauischen Autoren und Schauspielern.

PETER- UND PAULSKIRCHE (ŠV. PETRO IR POVILO BAŽNYČIA)

Fürsten, Bettler, Kinder, Greise, Tod und Teufel: 2000 Stuckfiguren schauen von Wänden, Bögen und Kuppel auf den Betrachter herab. Und nicht ein Gesicht, nicht eine Pose, nicht ein einziges Motiv wiederholt sich! 20 Jahre brauchten die italienischen Meister für dieses schönste Werk des litauischen Hochbarock. *Tgl. 7–12 und 14–19 Uhr | Antakalnio 1*

Marienbildnis im Tor der Morgenröte

INSIDER TIPP REPUBLIK UŽUPIS

Die Bewohner der Künstlerrepublik jenseits der fünf Vilnia-Brücken leben bewusst und reichlich satirisch einen Gegenentwurf zu Zeitgeist und Konsumwahn und riefen dafür 1997 in einem heruntergekommen Viertel die Unabhängige *Res Publika Užupis* aus. Weltweit haben die kreativ-idealistischen Užupianer mehr als 200 Botschafter, unter ihnen der Dalai Lama, der die Republik 2001 besuchte und zum Ehrenbürger ernannt wurde. In der Galeriekneipe *Užupio Kavinė (župio 2 | Tel. 5 2 12 21 38 | www.umi.lt | €€)* gleich hinter der Brücke – sie ist der „Regierungssitz" der Republik – erfahren Sie mehr über die Philosophie von Užupis, ihre Feiertage und eine Verfassung, die zu denken gibt (mehr sei hier nicht verraten!).

STAATLICHES JÜDISCHES MUSEUM (ŽYDŲ MUZIEJUS)

Sechs Jahrhunderte blühte das jüdische Leben in Vilne, dem „Jerusalem des Nordens". Vier Jahre brauchten die Nazis, diese Kultur auszulöschen. Die erschütternde Ausstellung in dem grünen Holzhaus bewahrt das Gedächtnis an die Litvak-Kultur und an Vilnius als Zentrum der jüdischen Aufklärung, zeigt Ghettoalltag und Holocaust und informiert über Neuanfänge wie die Restaurierung eines Teils des jüdischen Viertels. *Mo–Do 9–17, Fr, So 10–16 Uhr | Führungen auch auf Deutsch | Pamenkalnio 12 | www.jmuseum.lt*

Eine *Filiale des Museums* befindet sich im jüdischen Gemeindezentrum in der *Pylimo 4.* Unweit davon steht die INSIDER TIPP einzige erhaltene Synagoge (von einst 96!), gebaut 1894. Heute feiert die jüdische Gemeinde hier wieder Gottesdienste. *Pylimo 39*

TOR DER MORGENRÖTE (AUŠROS VARTAI) ★

Das um 1520 erbaute Aušros-Tor ist das einzige noch erhaltene (von einst neun) in der alten Stadtmauer. Nebenan in der klassizistischen Torkapelle knien Tag für Tag Tausende Gläubige vor der Barmherzigen Muttergottes nieder und beten. Die in Gold, Silber und Edelsteine gefasste *Schwarze Madonna*, stammt angeblich von der Krim, gilt als wundertätig und ist ein Wallfahrtsort für Katholiken aus ganz Osteuropa.

Auf der *Aušros vartu* mit ihren schönen gotischen und barocken Bürgerhäusern führt der Weg vom Tor aus in die südliche Altstadt und am Basiliuskloster und der Philharmonie vorbei. Die prächtige byzantinische *Heiliggeistkirche (Šv. Dvasios cerkvė)* gleich zu Beginn rechts stammt aus einer Zeit, als in diesem Stadtteil vor allem russische Kaufleute lebten. Heute können Sie hier während der Gottesdienste entrückten Chorgesängen lauschen (tgl. ab 17 Uhr, Frauen sollten ein Kopftuch tragen!). *Links vor dem Tor liegt der Eingang, der zur Kapelle hinaufführt | Aušros vartų*

UNIVERSITÄT (UNIVERSITETAS)

Eine Stadt in der Stadt. Der palastartige Gebäudekomplex der „Alma Mater Vilnensis", 1579 aus einem Jesuitenkolleg hervorgegangen und älteste Hochschule des Baltikums, ist so oft erweitert worden, dass er zwölf (!) Innenhöfe umschließt. Besonders schön ist der *Große Hof* mit seinen Arkadengängen, gerahmt von der spätbarocken *Johanniskirche.* Ihr freistehender *Glockenturm* ist der höchste der Altstadt (68 m). Die einstige Universitätskirche ist heute *Wissenschaftsmuseum (Mo–Sa 10–17 Uhr).* Sehenswert sind die beiden prachtvoll ausgestalteten *Lesesäle* der Unibibliothek, deren Bestand aus 5 Mio. Bänden, 180 000 mittelalterlichen Handschriften und über tausend historischen Atlanten zu den wertvollsten Europas gehört. Um die Bibliothek zu besichtigen, melden Sie sich im *Littera*-Buchladen gleich vorn im Bibliothekshof. Dort gibt es auch ein kostenloses Faltblatt über die Uni. *Mo–Sa 8–17 Uhr | Universiteto 3 | Tel. 5 2 68 72 98 | www.vu.lt*

ZENTRUM FÜR ZEITGENÖSSISCHE KUNST (ŠIUOLAIKINIO MENO CENTRAS)

Wechselnde Ausstellungen internationaler Künstler. Das größte Zentrum dieser Art im Baltikum. Das Café im Parterre ist ein INSIDER TIPP beliebter Treff der Kunstszene. *Di–So 11–19 Uhr | Vokiečių 2 | www.cac.lt*

ESSEN & TRINKEN

AMATININKŲ UŽEIGA

In der urigen „Handwerkerschenke" kommt auf den Tisch, wonach die Kneipe aussieht: authentische litauische Kost in großen Portionen. Im Sommer schöne Terrasse mit Blick auf den Rathausplatz. *Didžioji 19 | Tel. 5 2 61 79 68 |* €–€€

AUKŠTAICIAI

Eines der beliebtesten Traditionsrestaurants in Vilnius. Altlitauische Küche vom Feinsten, riesige Terrasse längs der Straße und das Ganze mitten in der Altstadt. *Antokolskio 13 | Tel. 5 2 12 01 69 |* €€

CAFÉ DE PARIS

Leichte Croissants und Café au lait für alle, die von Cepelinai in Specksoße vorerst genug haben. Auch gutes Frühstück. *Didžioji 1 | Tel. 5 2 61 10 21 |* €€

LOKYS

Wer deftig-rustikale Kost aus Litauens tiefen Wäldern probieren will, ist hier goldrichtig. Das Menü liest sich wie Waidmanns Lust: Elchrouladen, Biberbraten, Wildschweinwürstchen, all sowas. Opulente Portionen. Das Lokys (übersetzt: Bär) zählt zu ältesten Lokalen von Vilnius. In seinem gotischen Gewölbekeller wurde schon im 16. Jh. getafelt. *Stikliu 8 | Tel. 5 2 62 90 46 | www.lokys.lt |* €€

SENOJI TROBELE

Ein bisschen außerhalb der Altstadt, doch der Weg lohnt sich. Große Speisekarte voller traditionell-litauischer Spezialitäten aus allen Landesteilen: Lammkeule, geräucherte Schweineohren, natürlich gibt's die berühmten Cepelinai. Hausgebackenes Brot, süffiger Met aus eigener Produktion. *Naugarduko 36 | Tel. 609 9 90 02 | www.senojitrobele.lt* | €€

SWEET ROOT

Frisch, überraschend, brillant. Beste saisonale Zutaten aus dem eigenen Garten wie Wildkohlblüten, Ziegenkraut, Nesseln oder Vogelmiere und von lokalen Anglern und Ökobauern werden zu kulinarischen Kunstwerken veredelt. Schon das Brot ist ein Erlebnis. Besser geht neue nordische Küche nicht. Reservieren! *Užupio g. 22 | Tel. 685 6 07 67 | www.sweetroot.lt* | €€€

INSIDER TIPP VALGOMASIS

Kein Schild, keine Werbung, abgelegen, untrendy und abends zu. Und trotzdem immer rappelvoll. Das schmale, helle Mittagsrestaurant beim Blumenmarkt ist Kult. Einfach leckeres Wohlfühlessen, frisch zubereitet und günstig. *Muitinės g. 43, Zugang über J. Basanavičiaus g. 44 | Tel. 610 9 21 24 | www.valgomasis.lt* | €

ŽEMAIČIU SMUKLĖ

Im „niederlitauischen Schatzkasten" werden gute, deftige litauische Speisen in rustikalen Kellerräumen serviert. Ein zweiter Zugang etwas weiter links führt in einen großen Hof mit weiteren Plätzen. *Vokiečių 24 | Tel. 5 2 61 65 73* | €€

EINKAUFEN

Die Shoppingmeilen des modernen Vilnius sind der *Gediminas-Prospekt* (Modeläden, teure Boutiquen und stylishe Malls wie das GO 9 mit Shops und Gastronomie), die *Vilniaus* und die *Basanavičiaus* (24-Stunden-Blumenmarkt).

EINKAUFSZENTREN & MÄRKTE

An der Spitze der litauischen Megamarktwirtschaft stehen Einkaufszentren ame-

Moderne Einkaufspaläste unter Glas locken auch in Vilnius: *GO 9* nennt sich dieser hier

rikanischer Dimension, allem voran das *Akropolis (tgl. 8–24 Uhr | Ozo 25 | www.akropolis.lt)* mit über hundert Läden, Kinos, Vergnügungspark und Eisbahn. Supermodern kleidet sich auch das *Europos Centras (tgl. 10–13 Uhr | Konstitutijos prosp. 7 | www.europa.lt)* mit internationalen Mainstream-Modelabels, diversen Boutiquen und guten Restaurants unter einem riesigen Glasdach. Das Gegenstück zu den trendigen Shoppingtempeln ist der *Turgus* – der Wochenmarkt. Hier kauft und verkauft das einfache Volk, z. B. in der großen Markthalle *(Halės turgus | Di–Do 7–17 Uhr | Pylimo 58)* nahe dem *Ausros-Tor.* Sehr lebendig geht's zwischen Lebensmitteln, Blumen und Trödelkram auch auf dem *Kalvarija-Markt (Kalvarijų turgus | Di–Sa 9–17 Uhr | Kalvarijų 61)* zu.

SOUVENIRS, KUNSTHANDWERK & MEHR

Am besten in der südlichen Altstadt, z. B. bei *Sauluva (Mykolo 4, Literatu 3 | www.sauluva.lt)* oder auf dem großen *Souvenirmarkt (Keramik, Bilder, Geschnitztes, Gewebtes usw. | tgl. 9–19 Uhr | Pilies 22),* eine Institution in Vilnius' Altstadt. Schöne *Kunsthandwerksläden* (Leinen, Bernstein) gibt's auch in der *Aušros vartų (9, 12, 13, 21)* und *Didžioji (5, 6, 10).* Wer gern nach Antiquitäten sucht, findet in der *Dominikonų* interessante Läden, z. B. *Senasis Kuparas (Di–Sa 9–18 | Nr. 14)*. Eine Versuchung wert sind die selbstgemachten erlesenen Naschereien im *Schokoladen-Haus (Šokolado namai | Gedimino 46 | www.chocolade.lt).* Ausgefallenes, noch nicht so touristisch verkitschtes Kunsthandwerk gibt's im Užupis-Viertel.

AM ABEND

ALAUS BIBLIOTEKA

In Sachen Pils & Co die Institution in Vilnius. Manche kehren hier vielleicht auch ein, um Bücher zu lesen, aber die meisten definitiv auf ein, nein, gewiss mehrere Bier. Man hat die Wahl zwischen über 300 (!) Sorten – immerhin in stilechtem Bibliotheksambiente. Wer öfter kommt, kann sich die diversen probierten Gerstensäfte auf einer Karteikarte quittieren lassen. Ist man einmal „durch", gibt's ein Buch geschenkt. Ein Bierbuch, klar. *Trakų 4 | www.beer-library.lt*

NATIONALE PHILHARMONIE (NATIONALINĖ FILHARMONIJA)

Hier spielt eines der bedeutendsten Orchester des Landes. Weiterhin treten Jazzmusiker und Gospelchöre auf. Auch Ballettaufführungen. *Aušros vartų 5 | Kartenvorverkauf Di–Sa 11–19, So 11–13 Uhr | Tel. 5 2 66 52 16 | www.filharmonija.lt*

ŠPUNKA

Von der Aura der Gründungszeit Užupis' ist im Nachtleben des Szeneviertels nicht mehr überall etwas zu spüren. Das Špunka ist jedoch unverändert das Wohnzimmer des Quartiers. Hier lässt es sich wunderbar über ein paar lokalen Craft-Bieren über Gott und die Welt philosophieren. *Uzupio 9*

ÜBERNACHTEN

LITINTERP BERNADINŲ

Die Agentur vermittelt nicht nur B&B und Apartments in Vilnius (und anderen Orten Litauens), sondern betreibt in der Altstadt selbst ein kleines Gästehaus. Einfache, aber für die Lage sehr günstige Zimmer. Die Mitarbeiter sind freundlich und hilfsbereit. *16 Zi. | Bernadinų 7-2 | Tel. 5 2 12 38 50 | www.litinterp.com |* €

MABRE RESIDENCE

Gediegener Komfort im Gemäuer eines restaurierten, ehemaligen Klosters, schön ruhig in der Altstadt mit Blick auf die Republik Užupis gelegen. Zimmer wohnlich, im internationalen Standard ausgestattet, im Hof gibt's kostenlose Parkplätze. Zum Hotel gehört ein gutes Steakhouse. *50 Zi. | Maironio 13 | Tel. 5 2 12 20 87 | www.mabre.lt* | €€€

PACAI HOTEL

Das schönste Hotel im Baltikum. Wie eine großartige Theaterkulisse wirkt der einfühlsam restaurierte Barockpalast von 1677. Möglichst viel vom alten Mauerwerk, alten Säulen und vor allem Fresken wurden vom Putz der späteren Jahrhunderte befreit. Und die alte Bausubstanz kongenial mit neuen Elementen ergänzt. Schönes Spa, gutes Restaurant, chillige Bar – traumhaft. *104 Zi. | Didzioji 7 | Tel. 5 2 66 08 60 | hotelpacai.com* | €€€

ROCK 'N' ROLL HOTEL

Stylisches Hotel mit Rock-'n'-Roll-Touch eine Viertelstunde zu Fuß von der Altstadt weg, dafür faires Preis-Leistungs-Verhältnis. Die Zimmer sind mit Modern Art dekoriert, die Bäder geräumig, reiches Frühstücksbüfett, sehr freundliches Personal. *200 Zi. | Kauno 14 | Tel. 5 2 50 51 11 | comforthotel.lt* | €€

ZIELE IN DER UMGEBUNG

AUKŠTAITIJA-NATIONALPARK (NACIONALINIS PARKAS AUKŠTAITIJA)

★ (148–149 C–D4) *(J13–14)*

Der Nationalpark in Oberlitauen (100 km nordöstlich von Vilnius) ist einer der einsamsten, schönsten und romantischsten. Litauer schätzen die Abgeschiedenheit des seen- und waldreichen Gebiets ganz am Rand der EU. Auf 300 km² ist der Park von Wander- und Radwegen durchzogen. Mit Booten erkunden Sie Wasserläufe und Seen, vielerorts gibt es Badestellen. Das Infozentrum des Nationalparks *(www.paluse.lt)* liegt im Dörfchen Palūše. Hier gibt's eine gute Karte des Reservats, seiner Wanderrouten und Campingplätze, das

Schön abgeschieden wandern Sie im wald- und seenreichen Aukštaitija-Nationalpark

Center vermietet auch Sommerhäuser und Zimmer *(€)*, organisiert Touren und hält Infos rund um das Thema Wassersport bereit. *Tgl. fahren sieben Züge ab Vilnius, Fahrzeit 2 Std. bis Ignalina, dann Taxi zum Örtchen Palūšė*

DRUSKININKAI (150 C6) *(🕮 F17)*
Die Waldstadt (14 000 Ew.) am Nemunas im südlichen Zipfel Litauens gleicht einem großen Park mit Sanatorien, alten und vielen neu(reich)en Villen, mehreren Seen und einer Luft wie aus Samt. Das Klima und Mineralwasserquellen machen Druskininkai (*Druska* bedeutet Salz) seit über 200 Jahren zu einem bedeutenden Kurbad im Baltikum. Wer das „litauische Karlsbad" besucht, will sich erholen – oder gesund werden. So war es schon 1794, als der polnische König Druskininkai per Dekret zur Heilstätte erhob. Heute fällt hier vor allem an den Wochenenden die Business-Society aus Vilnius ein, um vom Stress des Jobs zu entspannen.

In dem Behandlungszentrum ● *Gydykla (Vilniaus alėja 11 | Tel. 313 6 05 08 | www.gydykla.lt)* des *Druskininkai Spa Hotel* am Kurpark gibt es Moor- und Kräuterbäder, Mineralwasserschwimmen und therapeutische Massagen auch als günstiges Tagespaket. Übernachten: nobel im *Europa Royale (101 Zi. | Vilniaus al. 7 | Tel. 313 4 22 21 | www.europaroyale.com | €€€)* oder einfach, aber komfortabel im *Gästehaus Galia (23 Zi. | Maironio 3 | Tel. 313 6 05 10 | www.galia.lt | €–€€).*
Im *Grūtas-Park* 5 km östlich von Druskininkai haben auf einem 20 ha großen Gelände die gestürzten Götzen der Sowjetära Asyl gefunden: Marx, Stalin, KGB-Gründer Dserschinski, allerhand litauische Kommunistenköpfe und viele viele Lenins. *Grūto Parkas | tgl. 9–17, im Sommer 9–20 Uhr | www.grutoparkas.lt*

TRAKAI ★ (151 E4) *(🕮 G16)*
Das Städtchen (6200 Ew.) war einst Hauptstadt des litauischen Reiches. Malerisch gelegen, umgeben von vier miteinander verbundenen Seen, ist es heute ein sehr beliebtes Ausflugsziel (30 km ab Vilnius), vor allem bei Seglern und geschichtlich Interessierten. Die große gotische *Inselburg (Di–So 10–18 Uhr)* ist besonders sehenswert. Auskunft: *Karaimų 41 | Tel. 528 5 19 34 | trakai-visit.lt;* Übernachten: *Akmeninė*, 10 km nördlich von Trakai, versteckt zwischen Galvės- und Akmenos-See, romantisch-einsam und erholsam in traditionellen reetgedeckten Häusern, *Tel. 698 3 05 44 | www.akmeninerezidencija.lt | €€*
In dieser Gegend leben noch einige Karaiter (Karaäer), Nachfahren einer strenggläubigen altjüdischen Sekte. *Karaiter-Museum Mi–So 10–18 Uhr | Karaimų 22;* Karaitische Spezialitäten können Sie hier versuchen: *Kybynlar | Karaimų 29 | www.kybynlar.lt | €*

ERLEBNISTOUREN

1 DAS BALTIKUM PERFEKT IM ÜBERBLICK

START: ① Klaipėda
ZIEL: ㉓ Palanga

Strecke:
➡ **2600 km**

24 Tage
reine Fahrtzeit
45 Stunden

KOSTEN: Rund 2200 Euro (Übernachtungen ca. 1400, Benzin ca. 260, Verpflegung ca. 400, Kanu 28/Tag, Eintritt (Museen) ca. 50, Fähre Klaipeda–Nehrung inkl. Pkw 12,30 Euro)
MITNEHMEN: Badesachen, Mücken- und Sonnenschutz, Rucksack für Wanderungen, feste und bequeme Schuhe (Outdoor, Stadt)

Die große Baltikum-Runde führt zu den schönsten Orten der drei Ostseerepubliken, durch Landschaften wie aus der Zeit gefallen, von Litauens Wanderdünen bis hoch an die zerklüftete estnische Küste. Der Kontrast zu den selbstbewussten, he-

Sie wollen die einzigartigen Facetten dieser Region entdecken? Dann los! Noch einfacher wird es mit der Touren-App: Laden Sie sich die Tour über den QR-Code auf Seite 2/3 oder über die Webadresse in der Fußzeile auf Ihr Smartphone – damit Sie auch offline die perfekte Orientierung haben. Bei Änderungen der Tour ist die App auf dem neuesten Stand und weicht ggf. von den Erlebnistouren im Buch ab. In diesem Fall finden Sie in den Events & News (s. S. 2/3) die neueste Tour als PDF.

TOUREN-APP

→ S. 2/3

rausgeputzten Hauptstädten Vilnius, Rīga und Tallinn könnte größer kaum sein, jede fasziniert auf ihre Art mit Jugendstil, Hanse-Flair und rauschendem Barock.

❶ **Klaipėda** → S. 80, Litauens Tor zur Welt, ist der ideale Startpunkt für eine Tour durch das Baltikum. Bummeln Sie durch die beschauliche **Altstadt** zum **Kastellhafen** und setzen Sie mit der Fähre zur ❷ **Kurischen Nehrung** → S. 84 über. Am nächsten Morgen **fahren Sie über Silute entlang alter Burgberge durch das** INSIDER TIPP **Memelland**, hier verschmelzen litauische und deutsche Geschichtsfäden.

TAG 1
❶ Klaipėda
4 km
❷ Kurische Nehrung
TAG 2–3
241 km

Bild: Dünenlandschaft auf der Kurischen Nehrung

❸ Kaunas

122 km

❹ Druskininkai

Nach gut drei Stunden erreichen Sie ❸ **Kaunas → S. 75**. Litauens heimliche Hauptstadt atmet Geschichte, flanieren Sie einmal die **Freiheitsallee** entlang, und Sie werden das spüren. Ziel dieses Tages ist der Waldkurort ❹ **Druskininkai → S. 97**, das „Karlsbad des Baltikums". Chillen Sie am nächsten Tag im Sanatorium **Gydykla** und besuchen Sie den skurrilen **Grūtas-Park**, in dem Litauens Lenin-Denkmäler Asyl gefunden haben.

TAG 4–6

113 km

❺ Trakai

Nach reichlichem Genuss von Mineralwasser geht's am nächsten Morgen **via Varena auf der A4 nach** ❺ **Trakai → S. 97**. Den schönsten Blick auf die **Inselburg** genießen Sie von einem Segelboot aus (Skipper warten neben der Holzbrücke, die zur Burg führt). Am Horizont ist schon ❻ **Vilnius → S. 89** in Sicht. Planen Sie für Litauens barocke Metropole zwei Tage ein. Vom **Kathedralenplatz** aus liegt alles nahe: die **Altstadt** mit ihren 50 Kirchen, der **Burgberg**, die alternative **Republik Užupis**. Übernachten Sie im modernen **City Park** am Kathedralenplatz, im **Amatininkų Užeiga** gibt's zuvor zünftige litauische Kost. **Auf der A14 fahren Sie nun nordwärts. Kurz hinter Vilnius** halten Sie am ❼ **Mittelpunkt Europas → S. 78**. Die richtige Kulisse für ein Selfie! **In Utena dann rechts ab auf die 111 nach Palūšė**, dem Hauptdorf des ❽ **Aukštaitija-Nationalpark → S. 96**, wo Sie zweimal übernachten. Einmal Seele baumeln lassen bitte und die schönste Seenplatte des Baltikums genießen, am besten auf einer INSIDER TIPP **Paddeltour**. Das Bootshaus **Palūšės Valtine** *(Tel. 65 05 85 15 | www.valtine.lt)* am Lūšiai-See vermietet Kanus, Routentipps gibt's gratis.

Am nächsten Tag führt die Route weiter westlich durch das sanfte litauische Hochland nach Siauliai. Nördlich der Stadt ragt neben der A12 ein Hügel auf: der ❾ **Berg der Kreuze → S. 84**, nationales Heiligtum Litauens und Symbol des litauischen Freiheitswillens, das Sie sich unbedingt anschauen sollten. Bald ist **Lettland** erreicht, besuchen Sie im ❿ **Schloss Jelgava** die gruselige Gruft. Nächstes Ziel ist der Gauja-Nationalpark, **auf der A2 vom Rīgaer Ring aus in einer Autostunde erreicht.** Übernachten Sie in ⓫ **Sigulda → S. 57** und steigen am nächsten Morgen zur berühmten **Burg Turaida** auf, der Blick in das felsengesäumte Tal ist atemberaubend. Eine Exkursion zur **Gutmans Höhle** mit ihren zahllosen Inschriften und eine Seilbahnfahrt hinüber nach **Krimulda** nicht vergessen! Besorgen Sie sich am kommenden Tag in Sigulda eine Karte und erwandern Sie sich bei einer kleinen Tour die Waldlandschaft des ⓬ **Gauja-Nationalpark → S. 57**. Zurück auf der Route wird die Landschaft jetzt nordischer. **In Valga (Valka)** wechselt erneut die Flagge: Willkommen in **Estland**. Nach Übernachtung in der feinen Universitätsstadt ⓭ **Tartu → S. 50** und einem Abstecher an den riesigen ⓮ **Peipus-See → S. 53** lassen Sie sich in ⓯ **Tallinn → S. 43** vom hanseatischen Flair der **Altstadt** verzaubern. Planen Sie zwei Tage ein. Es gibt viel zu entdecken in der herausgeputzten Hauptstadt.

Tausende Inseln säumen die estnische Küste, eine sollten Sie erleben: ⓰ **Saaremaa → S. 40**, **von Tallinn auf den Fernstraßen 9/10 in zwei Stunden erreicht.** Übernachten

38 km
❻ Vilnius

TAG 7–8
27 km
❼ Mittelpunkt Europas
116 km
❽ Aukštaitija-Nationalpark

TAG 9–11
245 km
❾ Berg der Kreuze
79 km
❿ Schloss Jelgava
111 km
⓫ Sigulda
40 km
⓬ Gauja-Nationalpark

TAG 12–14
176 km
⓭ Tartu
56 km
⓮ Peipus-See
192 km
⓯ Tallinn

TAG 15
217 km
⓰ Saaremaa

TAG 16–17

158 km

⑰ Pärnu

TAG 18

151 km

⑱ Schloss Bīriņi

TAG 19–22

58 km

⑲ Rīga

TAG 23–24

39 km

⑳ Jūrmala

137 km

㉑ Slītere-Nationalpark

182 km

㉒ Liepāja

Sie in **Kuressaare**, dem besten Ausgangspunkt für eine Rundtour um die Insel. Zurück auf dem Festland, ist es nicht mehr weit bis **⑰ Pärnu → S. 37**. Spätestens hier: Badesachen raus und zum **Strand**, er ist der Hauptgrund für den Titel „Estlands Sommerhauptstadt". Tipp: Pension buchen, Strandtag einlegen! **An der Ostsee führt die Straße wieder südwärts durch grüne baltische Küstenlandschaft,** wer wildromantische Natur mag, findet hier viele Paradiese. Adelig übernachten kann man wunderbar etwas abseits der Strecke im **⑱ Schloss Bīriņi → S. 57**, einem der schönsten restaurierten Herrensitze im Baltikum.

Dann endlich: **⑲ Rīga → S. 65**. Genießer planen drei Tage ein, um die Pracht von **Altstadt** und **Jugendstilquartieren** auf sich wirken zu lassen. Probieren Sie junge lettische Küche im **Kaļķu Vārti**, dazu frisch gebrautes Bier und zum Absacker einen *Melnais Balzams,* Rīgas berühmten schwarzen Kräuterbitter. Verwunschen schön: die Holzhaus-Quartiere von **Pardaugava**. Auf der Fahrt durch das berühmte Seebad **⑳ Jūrmala → S. 72** zum **㉑ Slītere-Nationalpark → S. 73** mit dem sturmumtosten **Kap Kolkas** bietet die Ostsee eine Mischung aus noblen Villen, Partytrubel, Fischerdorfidylle, einsamen Stränden und wildem Küstenurwald. In **㉒ Liepāja → S. 58** nehmen Sie noch einmal Quartier mit Meerblick, dann wartet zwischen **Kurpark** und grausiger Alltagskostprobe im ex-sowjetischen

Schöner Tagesausklang: ein Gläschen auf dem lebhaften Livuplatz in Rīga

Marineknast Karosta ein Wechselbad der Gefühle auf Sie, ehe sich allmählich der baltische Kreis schließt. Lassen Sie sich in ㉓ **Palanga** → S. 87 an den Strand fallen. Und abends zum Sonnenuntergang auf die **Seebrücke** – schöner kann die Rundreise durch die drei Ostseerepubliken kaum enden.

84 km

㉓ Palanga

2 AUF DEM KUREN-RADWEG AN LITAUENS BERNSTEINKÜSTE

START: ① Palanga
ZIEL: ⑧ Nida/Kurische Nehrung

Strecke: 100 km

2 Tage
reine Fahrtzeit
7 Stunden

KOSTEN: Bernsteinmuseum Palanga 2,50, Unterkunft Klaipėda ab 50, Fähre auf die Nehrung 1, Bus 5 Euro
MITNEHMEN: Badesachen, Mücken- und Sonnenschutz, Wasser

ACHTUNG: Fahrradverleih in Palanga: **Bikehouse** *(ca. 10 Euro/Tag | S. Daukanto 10a | Tel. 69 61 00 10 | www.dviraciunuomapalangoje.lt)*
Rückfahrt per Bus: Von Nida bis Klaipėda nehmen *Toks* (meist tgl. z. B. 15.15 Uhr) oder *Kautra* Räder mit (Rad bei Buchung unbedingt angeben). Bis Palanga sind es dann noch 26 km auf dem Rad. Businfo und -tickets: *www.autobusubilietai.lt* (auf Fahrradsymbol achten)
Helm ratsam, wenn auch in Litauen keine Pflicht.

Die Kurische Nehrung müsse man gesehen haben, solle einem nicht ein wunderbares Bild in der Seele fehlen, fand schon Wilhelm von Humboldt. Bis heute zählt die Halbinsel zu den Kronjuwelen der Ostseeküsten, von der Unesco zum Weltnaturerbe erklärt. Diese Zweitages-Radtour führt Sie auf die berühmte Halbinsel, im ersten Abschnitt geht's an Litauens höchster Steiküste entlang.

TAG 1

① Palanga

10 km

Die Radtour startet in ① **Palanga** → S. 87, Litauens quirliger Sommerhauptstadt. Ehe Sie nach einem guten Frühstück aufs Rad steigen, besuchen Sie das alte **Schloss** des Grafen Tiškevičius mit Europas größter **Bernsteinsammlung**. Nach dem Ausflug in die Prähistorie erleben Sie nebenan, wie Litauens Bernsteinjuweliere den Sonnenstein in filigranen Schmuck verwandeln. In der Meistergilde **Gintaro dirbtuve** *(Tel. 682 69139 | Vytauto 21)* gibt's Führungen (auf Englisch) durch die Werkstätten, wer mag, testet sein eigenes Talent im Bearbeiten von Bernstein. **Palanga verlassen Sie auf der Vytauto in südliche Richtung. Kurz**

Namensgeber für Radwege und Küstenstriche: der Bernstein

2 Nimerseta

5 km

3 Plažė-See

3,5 km

4 Karklė

nach Passieren des Parks zweigt rechts der Radweg E10 ab, blau ausgeschildert. Auf asphaltierter Velopiste geht's nun abseits vom Autoverkehr durch würzig duftenden Küstenkiefernwald. Fast noch am Stadtrand liegt **2 Nimerseta** am Weg – einst Ostpreußens nördlichstes Dorf und jahrhundertelang Grenzübergang zu Litauen. Rechts des Wegs formieren sich Küstendünen zu grandiosen Parabeln: 8000 Jahre sind diese Sandketten alt! Weiter geht es, vorbei am eiszeitlichen **3 Plažė-See** (Vogelparadies, Aussichtsplattform mit Rastplatz) bis nach **4 Karklė**, eins der ältesten Küstendörfer des Baltikums. Heute besteht das langgezogene Dorf hauptsächlich aus Ferienhäusern. Ein Abstecher lohnt sich zum alten INSIDER TIPP **Fischerfriedhof, der Weg zweigt am Campingplatz „Pajurio takas" rechts ab.** Auf einigen Gräbern stehen noch altertümliche Kurenkreuze, ausgerichtet zur Ostsee. Ein Ort wie aus der Zeit gefallen. Das Land fällt hier als Kliff zur Ostsee ab, am besten zu genießen auf der INSIDER TIPP **„Holländermütze"**, mit 24,4 m höchster Punkt der litauischen Steilküste.

Am südlichen Rand von Karklė, wo der Radweg die Dorfstraße wieder verlässt, führt ein kurzer Weg zu diesem Aussichtspunkt. Vom Radweg zunächst nach rechts in den Wald und dann der Ausschilderung „Olandų kepurė“ folgen. Karklė ist ein Spot der Paraglider-Szene, der Thermik am Kliff wegen. Bei gutem Wetter können Sie den Schirmfliegern bei ihren eleganten Flügen zuschauen. Oder einfach die Badesachen schnappen und runter an den Strand!

Dann ist es nicht mehr weit bis ❺ **Klaipėda → S. 80**. **Entlang der H.-Manto-Straße radeln Sie nun, den E10-Veloschildern folgend, in Richtung Altstadt und haben das erste Etappenziel erreicht.** Unterkunft gibt's hier reichlich. Die beschauliche **Altstadt** lädt ein, machen Sie dem berühmten **Ännchen von Tharau** ihre Aufwartung, rings um den alten **Theaterplatz** bieten Straßenhändler Bernstein an. Immer wieder werden Ihnen in der Altstadt kleine Skulpturen auffallen, sympathische Wahrzeichen der Hafenstadt. An der Kreuzung Kuršių/Kepejų sitzt das INSIDER TIPP **Zaubermäuschen**. Flüstern Sie ihm einen Wunsch ins Ohr, aber niemand sonst darfs hören! Nur dann geht er in Erfüllung. Am nächsten Morgen geht's frisch gestärkt auf den zweiten Teil der Tour – die **Kurische Nehrung → S. 84**. Für Radfahrer ist die kleine Stadtfähre ideal, **sie legt am Kastellhafen gegenüber der Altstadt ab, einfach dem Verlauf der Danė folgen**. Drüben am Fähranleger in ❻ **Smiltynė** informiert eine große Tafel über den **Nationalpark Kurische Nehrung**, auch lohnt sich ein Besuch des **Meeresmuseums → S. 119** mit seinem Delfinarium. **Der asphaltierte Radweg verläuft abseits der Nehrungsstraße durch Kiefernwald über alte aufgeforstete Wanderdünen**, zunächst auf der Ostseeseite, später auch am Haff. An vielen Stellen lockt der Strand, Badesachen bereithalten!

Bald erreichen Sie ❼ **Juodkrantė (Schwarzort)**, das alte Fischerdorf. Am einstigen Bernsteinhafen auf der Haffseite **(Ortsausgang Richtung Klaipeda)** standen die Werkstätten, in denen zwei Memeler Kaufleute 1860–90 fast 2300 t (!) Bernstein aus dem Haffschlamm waschen ließen. Dabei fanden die Arbeiter auch jene 434 prähistorischen Figuren, Amulette und Perlen, die als Bernsteinschatz von Schwarzort berühmt wurden, einige der 6000 Jahre alten Stücke haben Sie als Kopien im Museum in Palanga gesehen. Wandern Sie in Juodkrantė unbedingt über den **Hexenberg**, die geschnitzten Fabelwesen lassen Sie tief in die Seele der litauischen Volkskultur schauen. Im

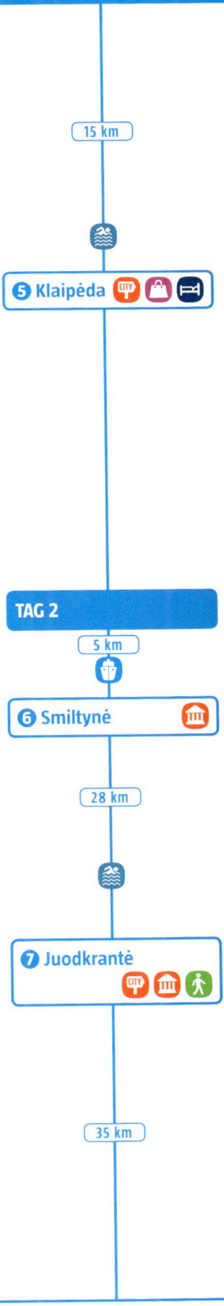

8 Nida

Laden an der Kirche gibt's eine kleine Broschüre (auch auf deutsch), die die Bedeutung der Skulpturen erklärt. **Von Juodkrantė sind es noch etwa 35 km bis zum Hauptort der Nehrung: 8 Nida** → S. 85. Dort angekommen, besuchen Sie den Bernsteinkünstler und Fotografen Kazimieras Mizgeris im **Bernsteinmuseum**. Eine seiner Spezialitäten ist INSIDER TIPP Bernsteinwodka: Im Alkohol lösen sich die Harzstückchen langsam auf und wecken so angeblich Urkräfte. Schon ein Löffel voll wirkt!

3 LETTLANDS SCHLÖSSER UND BURGEN

START: 1 Rīga
ZIEL: 8 Schloss Rundāle

Strecke: 270 km

2 Tage
reine Fahrtzeit 5 Stunden

KOSTEN: Benzin 30, Unterkunft 30–55 (je nach Standard), Essen 30, Eintritte: Pedvale 3, Jaunpils 2,50/5 (mit Führung), Rundāle 13 Euro
MITNEHMEN: Bequeme Schuhe, Picknick und Wasser für unterwegs

In Lettland gibt es viele alte Herrenhäuser, Burgen und Schlösser, manche wurden inzwischen schmuck herausgeputzt. In einigen soll es bis heute spuken. Diese Tour führt zu einem der Geisterschlösser – und in eine einzigartige Kultur-Landschaft.

TAG 1

1 Rīga

65 km

2 Durbe

13 km

3 Schloss Jaunmokas

Verlassen Sie 1 Rīga → S. 65 **zunächst auf der Schnellstraße A10 in Richtung Ventspils, an Jūrmala vorbei geht es in die westlichste lettische Provinz Kurzeme** (Kurland). Bald erreichen Sie Tukums, wo gleich am Stadtrand auf einem Hügel das schöne Schlösschen 2 Durbe residiert. **Nehmen Sie die erste Abfahrt ins Zentrum, biegen von der Hauptstraße (Jelgavas) rechts in die Alines, die kurz darauf in die Durbes übergeht und Sie zu dieser meisterlich restaurierten Perle des lettischen Klassizismus führt.** Das **Museum** im Schloss erinnert an das kulturelle Erbe der Baltendeutschen. **Weiter auf der A10, ist die nächste Station bald erreicht, etwa 7 km hinter Tukums rechts am Ende einer kurzen Zufahrtsstraße:** 3 Schloss Jaunmokas, ein Palästchen aus rotem Ziegelstein, ganz im Stil des Art nouveau. Erbaut 1901 als Jagdschloss, beherbergt es heute ein kleines **Museum** und ein Hotel *(7 Zi.)*. Es soll kräftig spuken hier. Sogar Wissenschaftler waren der „weißen Dame", die hier nachts umgeht, schon auf der Spur!

Also ein bisschen gruseln, **dann schnell zurück auf die A10, noch einmal Richtung Ventspils und dann links auf die P130 abbiegen**. Nun beginnt das landschaftlich schönste Gebiet Kurlands, das Urstromtal der Abava mit seinen Hügelketten, die Kurländische Schweiz. **Weiter geht es nach Sabile**, ein eher schlichtes Landstädtchen. **Im Ort von der Hauptstraße links in die Kuldīgas abbiegen und gleich hinter der Brücke halblinks in die Brīvības, von dort sind es nur noch wenige hundert Meter bis zum alten Landgut Pedvale.** Der lettische Bildhauer Ojars Feldbergs gründete auf dem Gutsgelände 1992 ein 4 INSIDER TIPP **Open-Air-Museum** *(Brīvdabas mākslas muzejs | Mai–Sept. tgl. 10–18, Okt.–April tgl. 10–16 Uhr | www.pedvale.lv)*, das mittlerweile auf 200 ha mehr als 150 Installationen zählt, eine einzigartige Symbiose von Kunst und Natur. Für die Stärkung zwischendurch gibt's ein kleines **Café**. Ehe Sie dann Sabile wieder verlassen, versäumen Sie nicht einen kurzen Aufstieg zum Wahrzeichen des Örtchens – den 5 INSIDER TIPP **nördlichsten Weinberg der Welt**! **Am Schild „Sabiles vinakalns" Auto abstellen, es sind nur 200 m zu Fuß von**

40 km

4 Open-Air-Museum

3 km

5 nördlichster Weinberg der Welt

62 km

6 Burg Jaunpils

TAG 2

21 km

7 Burgruine

64 km

8 Schloss Rundāle

dort. Von Sabile aus geht's auf kleinen Landstraßen weiter, zunächst ein Stück retour Richtung Kandava, dann rechts ab auf die P121 und durch die Dörfchen Puces und Zemite bis Sati, dort rechts ab bis Vaski und auf der P104 bis zum Etappenziel für den heutigen Tag: Jaunpils Die 6 INSIDER TIPP **Burg Jaunpils** *(Neuenburg | Di–So 10–18 Uhr)* versetzt jeden Besucher in eine versunkene Vergangenheit. Hier trifft man den jungen Kaspars Sivanis, für seine lebendigen **Führungen** *(Tel. 29 29 63 34)* berühmt. Bei Sivanis darf auch mal ein Helm probiert werden, und man lernt, wie man ein Schwert führt. Jaunpils bietet stilecht Unterkunft – im kleinen **Burghotel** *(13 Zi. | Tel. 29 44 25 39 | €–€€€)*, das sowohl fürstliche Appartements als auch Zimmer fürs einfache Volk hat.

Nach dem Frühstück geht's von Jaunpils zunächst auf der P97 weiter nach Dobele. Auf die 7 **Burgruine** dort genügt ein flüchtiger Blick, für das nächste Ziel brauchen Sie Zeit! **Fahren Sie über die P103 Richtung Bauska, auf den Gipfel der baltischen Adelslandschaft, kurz hinter Eleja ist er erreicht** und leuchtet schon von Weitem in der tellerflachen Landschaft: 8 ★ **Schloss Rundāle** *(Mai–Okt. tgl. 10–18, Nov.–April tgl. 10–17 Uhr | www.rundale.net)*. Welch ein Palast! Rauschender Barock, verspieltes Rokoko, das „Ostsee-Versailles". Heute dient Schloss Rundāle als Kulisse großer Staatsempfänge und ist täglich Ziel Tausender Besucher.

Und das Beste zum Schluss: Schloss Rundāle mit seinen fantastischen Interieurs

Schauen Sie unbedingt das **Palastmuseum** an, den Goldenen Saal, das Porzellankabinett, das Rosenzimmer. Zu Mittag empfiehlt sich das Restaurant **Baltā Māja**, und im weitläufigen **Park** mit dem schönen französischen Garten vergeht ein Tag wie im Flug.

4 NATUR PUR IN ESTLAND

START: ① Tallinn
ZIEL: ⑧ Kauksi

Strecke: 335 km

3 Tage
reine Fahrtzeit
8 ½ Stunden

KOSTEN: Benzin 30, Unterkunft 100, Essen 50, Eintritt Meeresmuseum 2 Euro

MITNEHMEN: Badesachen, Wanderschuhe, Mückenschutz

ACHTUNG: Im Kloster auf respektvolles Verhalten achten, Frauen tragen möglichst ein Kopftuch.
Bei Wanderungen im Lahemaa-Nationalpark eine gute Karte dabeihaben! Auf Zeckenbisse achten!

Hier geht's zu den Schätzen der estnischen Natur, in wildromantische Buchten und ein steinreiches Dorf, durch riesige Küstenwälder und eine wie unberührt wirkende Landschaft, in der sich skandinavisches Flair mit der Weite des Ostens mischt.

Verlassen Sie ① **Tallinn** → S. 43 **auf der A1 in Richtung Osten.** Ihr erstes Tagesziel: der **Nationalpark Lahemaa** → S. 50, das „Land der Buchten", Estlands ältestes und größtes Naturreservat. **Auf der A1 fahren Sie bis zur Abfahrt Liiapeksi, ab dort auf der Straße 85 in nördliche Richtung in eine kaum bewohnte, kiefernbewachsene Waldlandschaft hinein. Bei Kotka biegen Sie rechts ab und bleiben auf der 210 bis kurz vor Võsu, dort an der Kreuzung links (Straße 177).** Kurz danach ist ② **Käsmu** erreicht, mit seinen bunten Holzhäusern eins der schönsten Dörfer Estlands und einst berühmt für seine Seefahrtsschule. Heute ist dort ein kleines, kurioses **Meeresmuseum** *(Merekooli 1 | Tel. 3238136 | www.kasmu.ee)* zu finden. **Fahren Sie dann die Dorfstraße durch bis ganz ans Ende auf den Parkplatz.** Willkommen in Estlands INSIDER TIPP **Findlingsgarten**! Hunderte Felsbrocken liegen überall, an Land und im Wasser, Käsmu ist buchstäblich steinreich. Der größte Brocken in der Bucht, *Vana-Jüri kivi* heißt er, hat 22 m Umfang. Probieren Sie mal trockenen Fußes bis hinüber zur bewaldeten **Teu-**

TAG 1

① Tallinn

79 km

② Käsmu

18 km

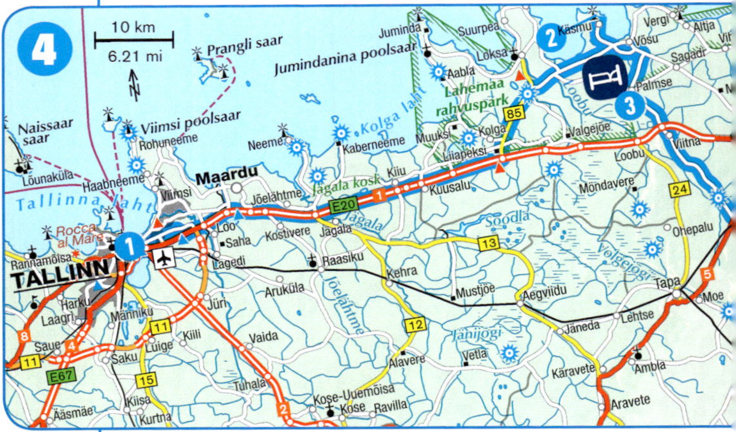

3 Palmse

TAG 2

36 km

4 Rakvere

62 km

5 Ontika

29 km

6 Toila

felsinsel zu balancieren – nur auf den Steinen. Nach der Mittagspause auf der Terrasse vom **La Veranda** *(Neeme tee 47 | Tel. 56244302 | €€)*, wo auch gern Eichhörnchen zu Besuch kommen, geht's nun in eine ganz andere Welt: nach **3 Palmse → S. 50**. Sie erreichen das **Besucherzentrum des Lahemaa-Park auf der 177, nach knapp 10 km rechts abbiegen (108)**. Palmse ist landesweit für seinen restaurierten **Gutshof** bekannt. Im **Museum** können Sie die versunkene Welt des baltendeutschen Landadels nacherleben und im **Park-Hotel → S. 50**, eingerichtet in der alten Schnapsbrennerei des Guts, Quartier beziehen.

Am nächsten Morgen geht's zunächst auf den Landstraße 176 und 142 in Richtung Süden bis Kadrina, dort links auf die 5, bis 4 Rakvere in Sicht kommt. Dessen berühmte riesige **Burgruine** thront weithin sichtbar über der Stadt. Auf ins Mittelalter! Im Folterkeller kommen Sie den finsteren Zeiten besonders nah. Anschließend Fotoshooting am großen **Auerochsendenkmal** gegenüber – ein Selfie vor dem mächtig behörnten Rakvere-Urvieh ist ein Muss der Eesti-Tour! **Verlassen Sie Rakvere auf der Fernstraße 5 in Richtung Osten, wieder auf der A1 geht's ostwärts bis zur Abfahrt Saka. Auf der 133 erreichen Sie nach wenigen Minuten 5 Ontika**, bekannt für seine Steilküste, bis zu 56 m ragen die Kalksteinfelsen über der Ostsee auf. An Estlands Glintküste klingt der zweite Tag aus: Im **Saka Cliff Hotel → S. 37** übernachtet man gut. Leihen Sie sich ein Fahrrad aus und radeln Sie östlich nach **6 Toila**. Dort

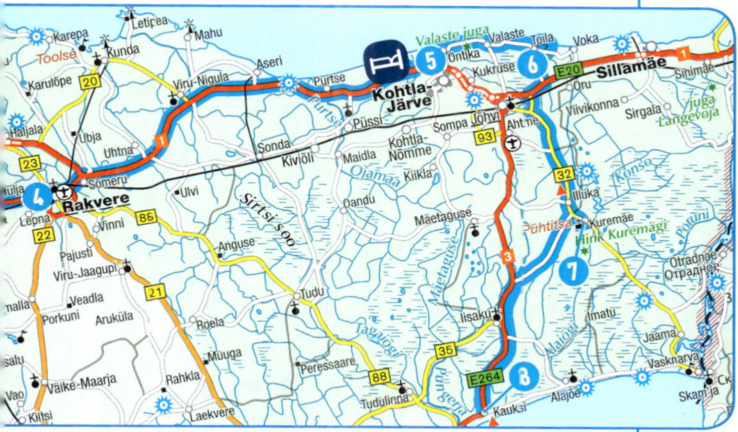

gibt's einen uralten **Küstenpark** mit allerhand exotischen Gewächsen zu bestaunen, das Kliff hat unterwegs wunderbare Aussichtspunkte. Oder Badesachen schnappen: Unterhalb der Steilküste lockt der **Strand**!

Am dritten Tag verlassen Sie die Küste auf der 105, fahren auf der A1 ein kurzes Stück bis Linna und von dort auf der 32 weiter südwärts. Bei dem Dörfchen Kuremäe steht das russisch-orthodoxe 7 INSIDERTIPP **Nonnenkloster Pühtitsa**. Ein Ort wie verwunschen. Nicht alles steht Besuchern offen, doch das ist ausgeschildert. Die 170 Nonnen betreiben einen kleinen Laden, in dem sie kleine Ikonen und Handarbeiten verkaufen. **Vom Kloster fahren Sie zwei Kilometer retour, um nach links auf die 150 abzubiegen.** Die Straße bringt Sie durch eine stille fast menschenleere Landschaft nach 8 **Kauksi**, am berühmten **Peipus-See** → S. 53, mit 3555 m² Fläche fast siebenmal so groß wie der Bodensee. Der Strand hinter den Dünen von Kauksi zählt zu den schönsten im ganzen Baltikum. Da liegt er nun vor ihnen, der riesige See, tiefblau, Wasser bis zum Horizont. Dahinter beginnt Russland, man bekommt eine Ahnung von Weite, Weite, Weite.

TAG 3

76 km

7 Nonnenkloster Pühtitsa

36 km

8 Kauksi

Formatfüllend: Das Auerochsen-Denkmal in Rakvere ist 4 m hoch

SPORT & WELLNESS

Im Baltikum können Sie: angeln, paddeln, reiten, segeln, surfen, in Kletterparks herumturnen, Ski oder Schlittschuh laufen und in der Sauna schwitzen. Für alle, die Naturlandschaften am liebsten erwandern, mit dem Fahrrad oder vom Kanu aus entdecken, haben die drei Ostseeländer viele kleine Paradiese zu bieten.

Die Möglichkeiten für einen aktiven Urlaub haben sich im Baltikum in den letzten Jahren stark verbessert. Besucherzentren in den Nationalparks organisieren Exkursionen, Aktivtourismus-Anbieter wie Ezi *(www.ezi.lv)* im lettischen Gauja-Tal oder *www.soomaa.com* im estnischen Soomaa-Reservat stellen tolle Outdoor-Programme zusammen und verleihen Ausrüstungen. *Druskininkai* in Litauen oder das lettische *Baldone (33 km von Rīga)* mit schönen Skipisten sowie *Sigulda* mit seiner Bobbahn sind darüber hinaus echte Wintersport-Geheimtipps an der Ostsee.

ANGELN

Angeln ist Volkssport im Baltikum – kein Wunder bei dem Reichtum an Flüssen, Seen und 1870 km Ostseeküste. In der Regel brauchen Sie einen Angelschein, den Sie in den Tourismusinformationen, Angelläden, Besucherzentren oder auf Postämtern (Lettland) bekommen. Angel-Hotspots in Estland sind die Nationalparks *Soomaa (www.soomaa.ee)* und *Lahemaa (www.lahemaa.ee)*. In Lettland liegen fischreiche Seen westlich von Rīga, etwa rings um *Dobele,* ein einziges Pa-

Das Baltikum ist wie geschaffen für Outdoorsport. Die Infrastruktur wächst, aber wer jetzt kommt, kann noch zum Abenteurer werden!

radies für Angler ist die stille, touristisch kaum erschlossene *Latgale-Seenplatte* ganz im Osten. An privaten Gewässern ist zusätzlich zur Angellizenz eine Erlaubnis des Besitzers nötig, eingeschränkt ist das Angeln auch in Naturschutzgebieten. Nähere Infos beim *Lettischen Forst- und Fischereiamt (Kristapa 30 | Rīga | Tel. 67 60 20 75 | www.lvm.lv)*
Litauens Angelhochburgen sind das *Kurische Haff* und der *Aukštaitija-Nationalpark*, auch der *Nemunas* gilt als fischreich. Im Winter ist Eisangeln sehr verbreitet, erfordert aber viel Geduld und Wetterfestigkeit. Infos zu Revieren und Angeltouren gibt's auf *lithuanianfishing.com.*

KAJAK, KANU & RUDERN

Das Baltikum hat Wassersportreviere für jeden Geschmack und Anspruch – vom stillen Tretbootsee bis zum Wildwasserfluss für rasante Kajaktrails. Allein die litauischen Regionalparks bieten auf ihren Seen und Flüssen 3000 km ausgezeichnete Kanutouren, in Lettland sind es nicht viel weniger. Mit Abstand schönstes Revier hier: der *Gauja-Nationalpark.* Die Gauja ist auch für weniger geübte Paddler geeignet, sportlicher geht's auf ihrem Nebenfluss, der stromschnellenreichen Amata zu. Die Outdoor-Agentur *Makars* hat sich auf Kanutouren im Gauja-Tal spezialisiert *(www.makars.lv).* Den größten Strom des Baltikums, die majestätische *Daugava,* können Sie mit dem Kanu abfahren, und sind dafür in Lettland 360 km unterwegs. Gute Tipps für dieses Revier hat der Kanuverleih *Campo (www.laivas.lv).*

Estlands Paddel-Dorado ist das Flüsschen *Ahja* bei Tartu südwestlich des Peipus-Sees – ein sehr wechselhaftes Revier: erst gemächlich, dann reißend. Doch wo es gefährlich wird, wachen Betreuer der jeweiligen Veranstalter *(z. B. www.veetee.ee oder www.kagureis.ee)* über die Sicherheit. In Litauen kann man einen ganzen Wasserwander-Urlaub mit dem Kanu verbringen. Allein der *Nemunas-Strom* fließt von der weißrussischen Grenze bis zur Mündung in das Kurische Haff 460 km quer durchs Land. Ein Traumrevier finden Paddler in der Seenplatte des *Aukštaitija-Nationalparks* mit vielen tollen Trails bis 150 km Länge (Details unter *www.valtine.lt*). Die Top 3 der 20 litauischen Kanuflüsse: *Neris* (235 km), *Merkys* (182 km) und die sanfte *Minija* (180 km)

RADFAHREN

Mit seinen sanftwelligen Naturlandschaften ist das Baltikum wie geschaffen für Radtouren. Und die sind mittlerweile richtig angesagt, bei Einheimischen wie bei Touristen. Wenn auch ein dichtes Radwegenetz noch fehlt, macht doch die Infrastruktur große Fortschritte, es gibt immer mehr ausgewiesene Routen, etwa den Eurovelo 10 entlang der Küste. In den Großstädten gibt es gute Radwege. Aber wo keine markierten Wege existieren, wird das Radfahren oft noch zum Abenteuer, im Stadtverkehr oder auf den engen Landstraßen. Zumal die Fahr-

Erstmal Freundschaft schließen, bevor es auf dem Pferderücken durch baltische Landschaften geht

bahnen oft in schlechtem Zustand sind. Allgemeine Infos unter *www.bicycle.lv* und *www.biroto.eu*. Karten bieten *velo karte.divritenis.lv* und *cycling.waymarked trails.org*.

Durch Litauen führen zwei *Euro-Velo-Strecken*. Die Route 11 verläuft durch den INSIDER TIPP waldreichen Süden über Vilnius in den Aukštaitija-Nationalpark, die Nr. 10 beginnt in *Nida* auf der Kurischen Nehrung und führt an der Küste in Richtung Palanga und weiter nach Lettland. Detaillierte Radfahrerinfos, auch für länderübergeifende Touren, gibt es unter *velovilnius.lt/balticcycle/routes* mit Routentipps, Radwanderkarten und Kontakt zu Tourenanbietern. Gute Radtourangebote finden sich auch rund um Tartu, in Tallinn bieten *Citybike (www. citybike.ee)* und *Waypoint Travel (waypoint travels.eu)* geführte Stadtradtouren sowie Leihräder an. Großartiges Revier für Mountainbiker ist der Gauja-Nationalpark. Die *Enter Gauja*-App listet die schönsten Touren mit Karten. Wem das zu langsam oder zu anstrengend ist, der kann in Sigulda e-Fatbikes *(29 Euro/3 Std. | smartbike.rent)* mieten. *Riga Bike Rent (rigabikerent.com)* organisiert Selbstfahrertouren mit Unterkunft.

Fahrradverleihstationen gibt es inzwischen in allen Touristenzentren und den meisten größeren Städten, auch viele Hotels bieten diesen Service an.

REITEN

Die baltische Natur mit den langen öffentlichen Stränden und viel unbebauter Landschaft ist perfekt fürs Reiten geeignet. Reittouren werden meist auf Stundenbasis angeboten. Mehrtägige Touren organisiert etwa *www.klajumi.lv* in Lettgallen. Ausritte nahe Palanga bietet der Reiterhof *Zigmo Žirgai (www.zigmozirgai.lt)* an. In Lettland gibt es besonders viele Reiterhöfe. Kaum zu toppen sind Ausritte am Strand, etwa mit *Saules Zirgi (www.saules zirgi.lv)* im Hafenstädtchen Zvejniekciems nordlich von Rīga. In Estland bei Pärnu: *Sassi Reiterfarm | Dorf Kabriste bei Audru | Tel. 56 46 73 01 | www.sassitalu.com*

SAUNA

Lange vor Shades of Grey war gegenseitiges Auspeitschen schon Volkssport im Balitkum – in der Dampfsauna, dem traditionellen nordischen Wellnesstempel. Saunieren gehört in allen drei Ländern zum Alltag. In die baltische Sauna geht man nackt und redet viel. Am beliebtesten ist die Holzofensauna, schwarze Sauna genannt. Wichtiger Teil des Saunarituals ist das gegenseitige Abschlagen des Körpers mit Birken-, Eichen-, Lindenzweigen. Anschließend springt man in ein kaltes Gewässer. Jedes Landhaus hat eine Sauna, auch die Hotels und Campingplätze. Öffentliche Holzofensaunen gibt es aber auch in Tallinn *(Kalma Saun | www.kalmasaun.ee)* und Rīga *(Balta Pirts | www.baltapirts.lv)*. Dort schwitzt man nach Geschlechtern getrennt.

WINTERSPORT

22 Skiresorts hat das flache Baltikum. Im litauischen *Druskininkai (42 Euro/Tag Ski und Ausrüstung | snowarena.lt)* hat die (Hallen-) Abfahrt ganzjährig geöffnet. Beliebt ist auch *Riekstu kalns* (31 Euro/ Tag für Skipass und Ausrüstung / 30 km von Rīga / *riekstukalns.lv*) bei Baldone. Langlaufen ist Volkssport. Bevorzugt im nächstgelegenen Wald oder am Strand, urban im *Rīgaer Uzvaras Park* und am Tallinner *Sängerfeststadion*. Schlittschuh gelaufen wird auf jedem zugefrorenen See und Fluss, unvergesslich ist es auf der zugefrorenen Ostsee. Bei holprigem Eis sind Tretschlitten besser geeignet.

MIT KINDERN UNTERWEGS

In allen drei baltischen Staaten ist man sehr kinderfreundlich. Da gibt es keine genervten Blicke, wenn das Kind vom Nebentisch umhersaust, sondern viel Verständnis für die Kleinen.

Die Infrastruktur ist (noch) nicht immer so kinderfreundlich. Erwarten Sie keinen Kindersitz im Taxi, und Radfahren kann gefährlich sein. Baltischer Pragmatismus wird aber das Beste daraus machen: In den Restaurants serviert man eben eine halbe Portion.

Dafür ist die Region ein Traum für aktive Kinder. Es gibt Bike- und Skateparks in fast jeder Stadt, viele Hochseilgärten und Spielplätze. Gute Wasserparks bieten Jūrmala und Druskininkai. An den Ostseestränden ist es ohnehin kein Problem, Kinder zu beschäftigen. Das weithin flache Wasser, wie in der Bucht von Pärnu in Estland, ist ideal für Schwimmflügelträger.

ESTLAND

ENERGIA KESKUS TALLINN
(139 E1) (*🗺 G3*)

Wirklich interaktives Museum, in dem Kinder etwa Strom herstellen, Töne erzeugen und sogar im Kosmos umherstreifen können. *Mo–Fr 10–19, Sa/So 11–19 Uhr | Eintritt Erwachsene 9, Kinder 3 Euro | Põhja 29 | www.energiakeskus.ee*

FK KESKUS (139 E1) (*🗺 G3*)

Abenteuercenter in Tallinn für mutigere Kinder. Am beliebtesten ist die 750 m lange Gokartbahn. *Tgl. 11–22 Uhr | ab 6,50 Euro | Paldiski 229 a | www.fkkeskus.ee*

Im Paradies der Sandburgenbauer. Wer der Schaufel entwachsen ist, findet in Interaktiv-Museen und Wasserparks viel Spannendes

MIIAMILLA (139 E1) *(🕮 G3)*
Kleines Museum nur für die ganz Kleinen in Tallinn. Es gibt alle möglichen Aktivitäten von Weben bis Spielen mit alten Puppen, alles garantiert offline. *Di–So 12–18 Uhr Eintritt Erwachsene 3, Kinder ab drei Jahren 2, Familienkarte (2 Erwachs., 4 Kinder) 6 Euro | L. Koidula 21c | www.linnamuuseum.ee*

SPIELZEUGMUSEUM (141 D5) *(🕮 K6)*
Das Haus in Tartu zeigt Kuscheliges und Wuscheliges, teils aus dem vorletzten Jahrhundert. Und am Ende der Ausstellungen können die Kinder wirklich spielen. *Mi–So 11–18 Uhr | Eintritt ca. 1,50, Kinder ca. 1 Euro | Lutsu 8 | www.mm.ee*

WASSERPARK TERVISEPARADIIS (139 E5) *(🕮 G6)*
Riesenanlage in Pärnu. Bis zu 85 m lange Rutschen, Kleinkinderpool, Kletterwand im Wasser, Wasserfälle und vieles mehr. *Juni–Dez. tgl. 10–22, Jan.–Mai 11–22 Uhr | Preis bis 9 Euro für drei Std. | Side 14 | www.terviseparadiis.ee*

LETTLAND

LIDO (143 F4) *(🗺 F10)*
Man nennt das wohl Erlebnis-Gastronomie: Die größte Lido-Filiale bietet alle möglichen Spiele für Kinder und die beste Eislaufbahn Rīgas. Für die Eltern gibt's ein Brew Pub. *Krasta 76 | Rīga | Tel. 67 50 44 20 | €–€€*

LĪVU AKVAPARKS JŪRMALA ●
(143 E3) *(🗺 F9)*
Im größten, modernsten Spaßbad Lettlands gibt es von der Sauna über den Gegenstrompool bis zu Tornadorutschen etwas für jedes Alter. Der Līvu Akvaparks in der Strandstadt Jūrmala bei Rīga ist ein Wasserparadies der Superlative, besonders für Fans von Wasserrutschen. *Mo–Fr 12–22, Sa/So 10–22 Uhr | Eintritt für 2 Std. 19,50, Kinder 15 Euro | Viestura 24 | www.akvaparks.lv*

MEŽAPARK (143 F3) *(🗺 F9)*
Familienspaß XXL im Rīgaer Waldpark am See Ķīš: Frisbee-Golf, Seilgarten, BMX-Trasse, lange Jogging- und Skaterwege, Badeplatz mit Bootverleih, Zoo, viele kostenlose Events und das mächtige Stadion der Sängerfeste. Im Winter Langlaufloipen und Eisbahn. *Meža prospekts 1*

SAJUTU PARK VALMIERA
(144 B2) *(🗺 H8)*
Ein Hochseilgarten in wunderbarer Lage am Steilufer der Gauja, über die man gleich viermal am Seil hängend saust. Guter Schwierigkeitsgrad auch für Kinder. Dazu ein Spa-Center und ein Strand. *Tgl. 9–18 Uhr | Familienkarte 40 Euro/3 Std. | Jāņa Daliņa iela 2 | www.sajutuparks.lv*

STREICHELZOO IN LIEPĀJA
(142 A5) *(🗺 B10)*
Tiere zum Streicheln gehen immer. Hier kommen noch Picknick- und Reitmöglichkeiten dazu. *Latgales 3 | Tel. 66 46 33 36 | Eintritt 1,80, Kinder 1,20 Euro*

TARZANPARK SIGULDA
(144 A4) *(🗺 G9)*
In diesem Abenteuerpark können Kinder gleich eine ganze Herde innerer Schweinehunde überwinden. Denn es warten elf unterschiedlich schwere Seilgärten und eine Sommerrodelbahn. Sie können sich auch als menschliches Katapult schleudern lassen, Trampolinspringen, auf einer Riesenschaukel schwingen, e-Gokarts fahren und mit einem Bogen schießen. *Tgl. 10–20 Uhr | unterschiedliche Paketpreise, bei Onlinebuchung Kinder ab 20, Erwachsene ab 26 Euro | Peldu 1 | www.tarzans.lv*

LITAUEN

INSIDER TIPP **AQUAPARK DRUSKININKAI** (150 C6) *(🗺 F17)*
Im größten Aquapark Litauens, im südlitauischen Heilkurort Druskininkai, geht's um reinen Badespaß. Der kommt in 18 verschiedenen Pools, einem atemberaubenden Rutschen-Tower und künstlichen Stromschnellen nicht zu kurz. *Je nach Saison stark variierende Öffnungszeiten | Eintritt Mo–Fr 6,50, Kinder 3,50, Sa/So 10,50, Kinder 4,80 Euro (für je 2 Std.) | Vilnaus alėja 13 | www.akvapark.lt*

ASILIUKO SAPNAS (150 C3) *(🗺 F15)*
In diesem Restaurant in Kaunas sind die Tischmöbel endlich in der richtigen Größe – aus Sicht der Kleinen. *Tgl. 10–18 Uhr | Laisvės 87 a*

EISLAUFBAHN (LEDO ARENA)
(150 C3) *(🗺 F15)*
Mit Schlittschuhverleih. *Sept.–Mai Mo–Fr 8–17 Uhr | Aušros 42 C | Kaunas | Tel. 37 33 06 20*

INSIDER TIPP **HEXENBERG (RAGANOS KALNAS)** (146 A4) (🕮 B13)
Der Hexenberg liegt bei Juodkrantė auf halber Strecke von Nida nach Klaipėda. Entlang eines Rundwanderwegs (¾ Std.) um einen bewaldeten Hügel haben litauische Künstler liebevoll geschnitzte Holzgeister, Hexen und Kobolde aufgestellt. *Start an der Durchgangsstraße, die hier L. Rėzos gatvė heißt, bei Nr. 48, am Straßenrand weist die Holzhexe mit Axt den Weg.*

MEERESMUSEUM (JŪRŲ MUZIEJUS)
(146 A3) (🕮 B13)
Korallen, bunte Schnecken und 30 Aquarien voller Ostseefische und ihrer tropischen Verwandtschaft: Das ist mal eine sinnvolle Nutzung für eine Festung. Das wuchtige *Backsteinfort Kopgalis* (1871) in Smiltynė auf der Nordspitze

Schöne Schaluppe, leider seeuntauglich, aber zum Spielen an Land bestens geeignet

KLETTERPARK LOKĖS PĖDA
(147 F5) (🕮 F14)
Insgesamt sechs Trails führen in verschiedenen Schwierigkeitsgraden und in unterschiedlichen Höhen durch die Baumkronen des Abenteuerparks *Lokės Pėda* (dt. Bärenpranke) bei Jonava (40 km nordwestlich von Kaunas). Die *Tarzantour* über Seile, Netze, Hängebrücken und Strickleitern ist nichts für Angsthasen! Doch jeder ist während der Kletterei mit Seilen gesichert, passieren kann also nichts. *Mai–Aug. tgl. 10–22, Sept/Okt. 10–20 Uhr | www.lokespeda.lt*

der Kurischen Nehrung beherbergt ein landesweit einzigartiges Meeresmuseum. In der Außenanlage tummeln sich Kegelrobben, im Delfinarium zeigen Schwarzmeerdelphine und Seelöwen ihre Kunststücke. *Mai–Sept. Mi–So 10–18, Okt.–April Sa/So 10–17 Uhr | Eintritt Museum: 10, Kinder 5 Euro; Delfinshow: 10, Kinder 5 Euro | Smiltynės 3 | mit der Fähre vom Kastellhafen zur Nehrung übersetzen, von der Fährstelle 400 m rechts | muziejus.lt*

EVENTS, FESTE & MEHR

→ S. 2/3

FESTE & VERANSTALTUNGEN

MÄRZ

Kasimir-Tag (Litauen): Volksfeste zum Namenstag des litauischen Schutzpatrons

Internationales Jazzfestival in Birštonas (Litauen), in allen geraden Jahren

APRIL

INSIDER TIPP ***Karnevalesker „Unabhängigkeitstag"*** der „Freien Republik Užupis" im Vilniuser Künstlerstadtteil am 1. April

Internationales Jazzfestival Jazzkaar in Tallinn, letzte Aprilwoche. *www.jazzkaar.ee*

MAI

Folklorefestival Skamba, skamba kankliai in Vilnius

Internationales Theaterfestival Life in Vilnius. *www.life.lt*

JUNI

Altstadttage in Tallinn; Buden, Konzerte, Aufführungen, Anfang Juni

Butterfest in Valmiera (Lettland); folkloristische Einstimmung auf die Mittsommertage mit Konzerten. Mitte Juni

Internationales Rīgaer Opernfestival mit lokalen und internationalen Stars

Johannisfest: 23./24. Juni (alle): Die Sommersonnenwende wird ausgelassen gefeiert mit speziellen Speisen, Johannisfeuern und Tanz.

JUNI/JULI

★ ***Sängerfeste,*** alle vier bis fünf Jahre im Wechsel: das lettische Sing- und Tanzfestival findet erst wieder im Juli 2023 im Rīgaer *Mežaparks* statt. Die Litauer singen wieder im Jahr 2022 im Vilniuser *Vingio parkas,* die Esten laden vom 5.–7. Juli 2019 zum Liederfest in Tallinns Freiluftarena *Lauluväljak* ein.

JULI

Pilgermarsch zur Kirche Mariä Heimsuchung am Kalvarienberg 20 km von Telšiai (Litauen), 2.–9. Juli

Biersommer mit internationalen Popstars in Tallinn. *www.ollesummer.ee*

Positivus Festival in Salacgriva (Lettland): geniales Open-Air-Festival – Nick Cave, Iggy Pop, Kraftwerk im Kiefernwald am Strand. *www.positivusfestival.com*

Watergate-Festival: Kieler Woche auf Estnisch in Pärnu, Mitte Juli

Folkfestival in Viljandi (Estland) mit riesigem Zulauf, Ende Juli

Das internationale ***Folklorefestival Baltica*** tragen die drei Länder abwechselnd in jedem Jahr aus.

Sommerski-Spektakel in Tartu (Estland)

Die Magie der Mittsommernacht: Nirgendwo wird Johanni so ausgelassen begrüßt wie in Estland, Lettland und Litauen

Internationales Thomas-Mann-Festival in Nida auf der Kurischen Nehrung (Litauen) mit Lesungen und Konzerten

AUGUST

Wallfahrt nach Aglona (Lettland) an Mariä Himmelfahrt

SEPTEMBER

Studententage Mitte September in Tartu (Estland): open end in Kneipen, Konzerte und Bandwettstreite

Pilzfestival in Varena/Dzukai (Litauen) am letzten Samstag. Sammelwettbewerb und Volksfest in der Stadt

NOVEMBER

Filmfestival „Dunkle Nächte“ in Tallinn, Ende Nov./Anfang Dez. *www.poff.ee*

DEZEMBER

Weihnachtsmarkt in Rīga, ältester, größter und schönster im Baltikum mit Kunsthandwerk, heißem Balsam mit Johannisbeersaft und riesiger Lichtertanne

FEIERTAGE

1. Jan.	Neujahr
16. Feb.	Unabhängigkeitstag LT
24. Feb.	Unabhängigkeitstag EST
11. März	Tag der wiedererlangten Selbstständigkeit LT
Karfreitag	Estland, Lettland
Ostermontag	Estland, Litauen
1. Mai	Tag der Arbeit EST, LV
23. Juni	Siegestag EST
23./24. Juni	Johanni LV
24. Juni	Johanni EST
6. Juli	Krönung Mindaugas' LT
15. Aug.	Mariä Himmelfahrt LT
20. Aug.	Tag der wiedererlangten Unabhängigkeit EST
1. Nov.	Allerheiligen LT
18. Nov.	Unabhängigkeitstag LV
25./26. Dez.	Weihnachten

LINKS, BLOGS, APPS & CO.

LINKS & BLOGS

www.marcopolo.de/baltikum Ihr Online-Reiseführer mit allen wichtigen Informationen, Highlights und Tipps, interaktivem Routenplaner, spannenden News und Reportagen sowie inspirierenden Fotogalerien

short.travel/btk14 Wer noch ein paar ausgefallene Gründe für die Estlandreise sucht – hier gibt es sie: „Wenn der Schnee fällt, gehen Sie in eine heiße holzbeheizte Sauna, schlagen Sie sich (oder einen Freund) mit Birkenzweigen und wälzen Sie sich im Schnee herum. Das ist toll. Wirklich!"

eng.lsm.lv Mit feiner Ironie beobachtet der englische Journalist Mike Collier für den staatlichen Rundfunk Lettland

short.travel/btk2 In der Republik Užupis, Vilnius' Stadtteil der Künstler und Kreativen, hat laut eigener Verfassung jeder Mensch das Recht, glücklich zu sein. Oder unglücklich ... Spiegel online macht einen interessanten Abstecher dorthin

www.celotajs.lv Ferien auf dem Land und Aktivurlaub in Lettland, Litauen und Estland: von Unterkünften bis zu konkreten Touren, z. B. durch Lettlands Nationalparks – auf dem Rad, dem Pferd oder im Kanu

estland.blogspot.com Das Forum von *Infobalt* diskutiert aktuelle Estlandthemen. Viele Infos zu Gesellschaft, Szene, politischen Hintergründen

www.litauen-forum.de Das Forum des Litauen-Insiders Hans-Joachim Kaiser bildet in einem unterhaltsamen Themenmix aus News, Infos und Kuriositäten das Leben in der größten baltischen Republik ab

lettland.blogspot.com Hervorragender Blog über Politik und Gesellschaft Lettlands. Es wird über das Referendum zur Amtssprache Russisch oder den letzten Winter diskutiert, aber auch über essbaren Bernstein und Storchenwohnsitze sinniert

www.baltictimes.com Die Webseite der einzigen professionellen panbal-

Egal, ob für Ihre Reisevorbereitung oder vor Ort: Diese Adressen bereichern Ihren Urlaub. Da manche sehr lang sind, führt Sie der short.travel-Code direkt auf die beschriebenen Websites. Falls bei der Eingabe der Codes eine Fehlermeldung erscheint, könnte das an Ihren Einstellungen zum anonymen Surfen liegen

tischen Zeitschrift gibt einen guten politischen Überblick über die drei Republiken

short.travel/btk16 Die interaktive Karte des Touristikportals Visitestonia fasst zusammen, was es in der nördlichsten Ostseerepublik zu erleben gibt – von Events bis zu Tipps für den Aktivurlaub

VIDEOS & MUSIK

short.travel/btk6 Mit seinem Litauen-Rap „Speak up" gewann Deividas Jakavičius beim Wettbewerb des *British Council* zu den Sprachen in Europas

latviainside.com Über Rīga, Jūrmala und Sigulda fliegen mit den hochauflösenden Bildern einer Drohne. Schön

short.travel/btk7 Landleben und Laptop, Kuhstall und Karriere – dass das keine Widersprüche sind, zeigt Estlands neue Landjugend

short.travel/btk12 Die internetaffinen Esten („e-Estonia") stellen auf der Videoplattform Vimeo immer wieder bezaubernde, kreative, stille und laute und schon auch mal ziemlich abgefahrene Filme und Fotos zur Schau

short.travel/btk1 Gewaltig: 30 000 Sänger gemeinsam auf einer Bühne beim Abschlusskonzert des Lettischen Sing- und Tanzfests 2018

APPS

Offline-Karte Tallinn Detaillierte Karte der estnischen Hauptstadt für Android-Nutzer. Funktioniert im Offline-Modus, also auch ohne Internetverbindung

Litauen-Reiseführer App mit vielen praktischen Features und Karten im Offline-Status. Gibt's auch für Estland und Lettland

Latvia.Travel App des lettischen Fremdenverkehrsvereins mit vielen touristischen Infos in fünf Kategorien von Sehenswertem bis Gastronomie, außerdem aktuelle Veranstaltungstipps

Deutsche Spuren Lettland Der dpa-Journalist Alexander Welscher hat für das Goethe-Institut diese gute App über die deutschen Spuren in Rīga kreiert. Runterzuladen auf short.travel/btk5

PRAKTISCHE HINWEISE

ANREISE

Empfohlene Strecke: Berlin–Poznan–Plock–Ostroleka–Suwalki–Kalvarija–Kaunas–Vilnius, Dauer etwa 20 Std. Weiterfahrt nach Lettland: von Kaunas über Ukmerge in Richtung Daugavpils, über Siauliai in Richtung Rīga. Wenn Sie an die Küste wollen, empfiehlt sich die Strecke von Kaunas nach Klaipėda und von dort weiter nach Liepāja/Ventspils.

Es gibt derzeit keine sinnvolle Bahnverbindung ins Baltikum. Es geht nur bis Warschau und dann mit dem Bummelzug bis Vilnius. Ändern soll dies das geplante Railbaltica-Projekt, eine Schnellzugtrasse, die das Baltikum bis Tallinn an Westeuropa anbindet.

GRÜN & FAIR REISEN

Auf Reisen können auch Sie viel bewirken. Behalten Sie nicht nur die CO_2-Bilanz für Hin- und Rückreise im Hinterkopf *(www.atmosfair.de; de.myclimate.org)* – etwa indem Sie Ihre Route umweltgerecht planen *(www.routerank.com)* – , sondern achten Sie auch Natur und Kultur im Reiseland *(www.gate-tourismus.de; www.ecotrans.de)*. Gerade als Tourist ist es wichtig, auf Aspekte wie Naturschutz *(www.nabu.de; www.wwf.de)*, regionale Produkte, wenig Autofahren, Wassersparen und vieles mehr zu achten. Wenn Sie mehr über ökologischen Tourismus erfahren wollen: europaweit *www.oete.de*; weltweit *www.germanwatch.org*

Von vielen deutschen Städten fahren mehrmals wöchentlich Fernreisebusse ins Baltikum. Z. B. Stuttgart/München/Köln/Berlin–Tallinn *(www.eurolines.com, www.ecolines.ee)*. Die Busse halten in den Städten in der Regel an den zentralen Busbahnhöfen meist in Bahnhofsnähe. Weitere Infos auch unter *www.deutsche-touring.de*

Autofähren verkehren von Rostock nach Klaipėda (TT Linie), von Kiel nach Klaipėda (DFDS, Scandlines, Lisco), von Travemünde nach Liepāja (Stenaline), alternativ von Travemünde nach Helsinki (Finnlines), von dort tgl. mehrere Fähren nach Tallinn *(www.vikingline.fi, www.eckeroline.fi, www.tallinksilija.com)*. Fähren: *DFDS | www.dfdsseaways.de; Scandlines | www.scandlines.de; Finnlines | www.finnlines.com; Stena Linie | www.stenaline.de; TT Linie | www.ttline.com*

Wizzair *(wizzair.com)* fliegt von Dortmund nach Rīga. Ryanair *(www.ryanair.com)* verbindet Bremen, Berlin, Köln, Frankfurt-Hahn mit Rīga und Vilnius, Nürnberg mit Vilnius, Tallinn mit Düsseldorf-Weeze und Bremen. Nordica *(www.nordica.ee)* fliegt von Tallinn nach Berlin, Hamburg und München. Und Air Baltic *(www.airbaltic.com)* verbindet Berlin, Frankfurt, Hamburg, Düsseldorf, München, Stuttgart oder Wien mit Rīga. Air Baltic fliegt auch nach Vilnius von Berlin und München aus sowie von Berlin nach Tallinn. Die Lufthansa *(www.lufthansa.de)* bedient von Frankfurt aus Rīga.
Am ● Flughafen von Tallinn können Sie Verspätungen übrigens ganz entspannt

und kostenlos überbrücken – im Fitnesscenter, der Bibliothek oder der Küche, wo Sie sich einen Snack zubereiten, während Ihre Kinder sich auf dem Spielplatz vergnügen.

AUSKUNFT

ESTONIAN TOURIST BOARD
Kleine Reichenstr. 6 | 20457 Hamburg | Tel. 040 30 38 78 99 | www.visitestonia.com

FREMDENVERKEHRSÄMTER IM BALTIKUM
Estland: *Lasnamäe 2 | 11412 Tallinn | Tel. 6 27 97 70 | www.visitestonia.com*
Lettland: *Perses 2 | 1442 Rīga | www.latvia.travel*
Litauen: *Gedimino pr. 38 | 01104 Vilnius | www.travel.lt*
Es gibt außerdem ein gutes Netz an Informationsbüros, gekennzeichnet mit dem internationalen „i". Estn.: *Turismiinfokeskus;* Lett.: *Tūrisma informācijas;* Lit.: *Turizmo informacijos centras*

AUTO

Alle Fern- und größeren Verbindungsstraßen im Baltikum sind gut ausgebaut, es gibt sogar ein paar Kilometer Autobahn. Die Landstraßen sind oft eng und teilweise Schotterpisten. Im Winter kann man in Estland auf ausgewiesenen Eisstraßen über die Ostsee auf einige Inseln fahren. Überall beträgt die Höchstgeschwindigkeit innerorts 50 km/h, auf Landstraßen 90 km/h, auf der Autobahn 110 km/h. Es gibt Radarfallen, bezahlt werden muss vor Ort. In allen drei Ländern muss auch am Tag mit Licht gefahren werden. Das Alkohollimit beträgt in Lettland 0,5, in Estland 0,2 und in Litauen 0,4 Promille. In allen drei baltischen Staaten besteht Anschnallpflicht und Handyverbot am Steuer. Von Dez. bis März sind Winterreifen vorgeschrieben.
Falschparken kann in Palanga und auf der Kurischen Nehrung richtig teuer werden.

WAS KOSTET WIE VIEL?

Benzin	1,30 Euro *1 l Super bleifrei*
Taxifahrt	4–8 Euro *für 10 km*
Kaffee	2 Euro *1 Tasse Kaffee*
Bier	2,50 Euro *0,5 l einer heimischen Marke*
Imbiss	2 Euro *Pfannkuchen mit Fleisch*
Sauna	12–20 Euro *für 2 Std.*

Durchschnittspreise in den drei Hauptstädten

In den drei Hauptstädten sollten Urlauber das Auto stehen lassen, die Altstädte Tallinns und Rīgas sind verkehrsberuhigt. Falschparken wird auch hier streng bestraft, am teuersten ist es in Tallinn. Pannenhilfe: Lettland *Tel. 8 00 00 00, mobil 188*, Estland *Tel. 6 96 91 88, mobil 18 88*, Litauen *Tel. 8 800 00 00 00, mobil 18 88*

BANKEN & KREDITKARTEN

Die meisten Banken im Baltikum akzeptieren die üblichen Kredit- und EC-Karten. Geldautomaten (Visa, Eurocard, EC) sind auch auf dem Land verbreitet. Banken sind meist Mo–Fr 9–18 Uhr geöffnet, einige auch samstags. In den Hauptstädten kann man fast überall mit Kreditkarten bezahlen.

DIPLOMATISCHE VERTRETUNGEN

DEUTSCHE BOTSCHAFTEN

Tallinn: *Toom-Kuninga 11 | Tel. 6 27 53 00 | www.tallinn.diplo.de*

Rīga: *Raiņa bulv. 13 | Tel. 67 08 51 00 | www.riga.diplo.de*

Vilnius: *Sierakausko 24/8 | Tel. 5 210 64 00 | www.wilna.diplo.de*

ÖSTERREICHISCHE BOTSCHAFTEN

Tallinn: *Vambola 6 | Tel. 6 27 87 40 | www.bmeia.gv.at/oeb-tallinn*

Rīga: *Alberta iela 13, 7. Stock | Tel. 67 21 61 25 | www.bmeia.gv.at*

ÖSTERREICHISCHES HONORARKONSULAT

Vilnius: *Jogailos g. 9 | Tel. 5 266 66 82, www.austrianconsulate.lt*

SCHWEIZER BOTSCHAFT

Rīga: *Elisabetes 2 | Tel. 67 33 83 51 | www.eda.admin.ch/riga*

Das Rīgaer Büro ist auch für Estland und Litauen zuständig

EINREISE

Es genügt der Personalausweis, das Baltikum gehört zum Schengenraum.

GESUNDHEIT

Die Europäische Krankenversicherungskarte (EHIC) gilt auch im Baltikum. Auch Schweizer haben grundsätzlich Anspruch auf die gleiche Behandlung wie zu Hause. Allerdings wird Vorauszahlung verlangt. Die meisten Medikamente gibt es rezeptfrei in den Apotheken. Wer Wanderungen in der Natur plant, sollte sich vor Reiseantritt gegen Zeckenbisse impfen lassen (FSME), bei Outdoor-Trips unbedingt ein gutes Mückenschutzmittel mitnehmen.

INTERNET & WLAN

Das Baltikum verfügt über ein flächendeckendes, stabiles und schnelles WLAN-Netz, Litauen hat gar die schnellste Download-Geschwindigkeit Europas. Es gibt viele kostenfreie Hotspots, in Estland kann man fast überall umsonst ins Netz. 2018 gab es ca. 36 000 kostenfreie Zugangspunkte in Lettland, 29 000 in Litauen und 17 500 in Estland. In Estland erkennt man die Hotspots an orange-schwarzen Wifi-Symbolen. Kostenfreie Apps wie *wifimapper* helfen, den nächsten Zugangspunkt zu finden, selbst in abgelegenen Dörfern. Die meisten Restaurants, Hotels, Cafés verfügen über Hotspots.

NOTRUF

Estland: *Feuerwehr/Krankenwagen 112, Polizei 110.* Lettland und Litauen: *zentrale Notrufnummer 112* (auch vom Handy)

ÖFFENTLICHE VERKEHRSMITTEL

Fast hätte Rīga eine U-Bahn bekommen. Proteste dagegen wurden 1987 zum Beginn der Unabhängigkeitsbewegung. Und so hat Rīga, wie Daugavpils und Liepāja, nur Straßenbahnen, Oberleitungsbusse und Busse *(www.1188.lv)*. Gleiches gilt für Tallinn, andere estnische Städte haben Buslinien *(www.tpilet.ee)*. In Litauen *(www.trafi.com)* gibt es bisher nicht mal eine Tram, sondern nur Busse. Günstig sind Fahrten mit (teils wiederauffüllbaren) Mehrfahrt-e-Tickets am Kiosk

oder Automaten (zwischen 60 Cent und 1,10 Euro). Oder mit Aufschlag beim Fahrer (1,50 bis 2 Euro).
Bei Überlandfahrten oder im innerbaltischen Verkehr sind Busse meist schneller als Züge; es gibt relativ häufige Verbindungen, v. a. zwischen den Großstädten. Die Busse sind sehr komfortabel mit Screen im Vordersitz (gutes Filmangebot), WIFI, Getränken. Fahrkarten gibt es im Internet bei den Buslinien *(www.luxexpress.eu, www.ecolines.net)* und übergreifend auf *www.tpilet.ee, www.autobusubilietai.lt* oder am Busbahnhof (LT: Autobusų stotis, LV: Autoosta, EST: Bussijaam). In Lettland *www.mobilly.lv* oder *www.1188.lv* (auch als App). Rīga–Tallinn oder Rīga–Vilnius kosten ab ca. 14 Euro.

ÖFFNUNGSZEITEN

Das Baltikum hat kein Ladenschlussgesetz. Die großen Einkaufszentren sind meist tgl. bis 22 Uhr geöffnet, manche sogar bis Mitternacht. Normale Geschäfte öffnen in der Regel Mo–Fr 9–19 (20) Uhr, am Samstag bis 17 (18) Uhr, in Litauen vielfach auch am Sonntag. Museen sind wie international üblich meist montags geschlossen. Restaurants öffnen meist gegen 10 oder 11 Uhr und schließen gegen 23 Uhr, auf dem Land und außerhalb der Saison auch früher. In Vor- und Nachsaison haben v. a. in den Touristenzentren der Küste viele Lokale, Pensionen und Museen nur verkürzt geöffnet bzw. (im Winter) ganz geschlossen.

POST

Postämter sind meist Mo–Fr 8–18 Uhr geöffnet. Auch manche Kioske verkaufen Briefmarken. Porto für eine Urlaubspostkarte nach Deutschland: 64 Cent aus Lettland und 74 Cent aus Litauen, 1,40 aus Estland. Die Briefkästen sind in Estland orange, in Lettland und Litauen gelb.

PREISE & WÄHRUNG

In allen drei baltischen Ländern ist der Euro offizielles Zahlungsmittel. Im Vergleich zu Deutschland ist Estland immer noch ein preisgünstiges Land – bis auf

BÜCHER & FILME

Eine Limousine in Mittsommernachtsfarbe – Mirta, eine alte Dame vom Land, hat in einer Lotterie den Jackpot gewonnen – einen *Zhiguli* (Russischer Fiat). Ab da ist ihr Haus voller Bekannter und Verwandter, die Mirta bis dahin vergessen hatten. Der lettische Kultfilm von 1981. Auf Englisch z. B. bei: *www.bestbaltic.eu/en/limuzins-janu-nakts-krasa.html*

Sterne der Eiszeit – Reichlich schräg gestellter Einblick ins Litauer Landleben von Renata Šerelyte (2002)

Brüder/Feinde – Dieser Film erzählt exemplarisch an zwei Brüdern das Dilemma der Balten im Zweiten Weltkrieg. Karl kämpft bei der Waffen-SS, Juri bei der Roten Armee, ein Happy End ist ausgeschlossen. Der größte estnische Kinoerfolg aus dem Jahr 2015. Bei Amazon erhältlich

Die Straßen von Wilna – Zärtliche Hommage des litauisch-polnischen Nationalpreisträgers Czesław Miłosz an Vilnius, die Stadt seiner Jugend (1997)

Tallinn, wo vor allem die Übernachtungspreise in neuen Hotels westliches Niveau erreicht haben. Tallinn ist für EU-Touristen die teuerste Stadt, doch Rīga steht dem inzwischen kaum noch nach. Auf dem Land ist vieles deutlich billiger. Der Eintritt für Museen liegt oft unter 5 Euro.

STADTFÜHRUNGEN

Praktisch sind die Hop-on-hop-off-Stadtrundfahrten mit dem Doppeldeckerbus. Treff in Vilnius ist vor der Kathedrale *(tgl. 10–15.15 Uhr | Dauer ca. 1½ Std. | 15 Euro | www.vilniuscitytour.com)*, in Tallinn am Viru-Platz *(tgl. 10–18 Uhr | 3 Routen | ca. 1½ Std. | ab 25 Euro | www.citytour.ee)* und in Rīga am Okkupationsmuseum *(tgl. 10–16 Uhr | 3 Routen | 1–1½ Std. | ab 20 Euro | www.citytour.lv)*. Zu Fuß führen Sie Locals auf verschiedenen Routen durch Tallinn, Start vor der Touristeninformation *(Niguliste 2 | ab 15 Euro | traveller.ee)*.

Besonders beliebt und gut geführt sind die kostenlosen ● *Free Tours*, jeweils durch die Altstadt oder zu alternativen Orten. Treff ist in Rīga an der Petrikirche *(tgl. 10 Uhr „Altstadt“, um 12 Uhr „Alternatives Rīga“ | 1¾ bzw. 2½ Std. | www.rigafreetours.com)*, in Vilnius vor der Kathedrale *(tgl. 10.30 Uhr „Altstadt“ | 2 Std. | Mo, Do, Sa 13.30 Uhr „Alternatives Vilnius“ | 3 Std. | www.vilniusfreetour.lt)*.

TAXI

Taxifahrten werden im Baltikum nach Strecke und Zeit abgerechnet. Um Gaunereien zu vermeiden, sollten Sie Taxis immer telefonisch rufen (offiziell auch billiger). Oder mobil buchen, etwa über die sehr transparente Taxi-App *taxify*, nutzbar in allen drei Hauptstädten und einigen anderen Orten. Nehmen Sie das Taxi nur, wenn der Fahrpreis gut sichtbar am Fahrzeug angebracht ist. Richtwerte (Standardtarife): Litauen Grundgebühr 1 Euro, pro gefahrenem Kilometer 40–60 Cent; Lettland Grundgebühr 2 Euro, pro Kilometer 70 Cent; Estland Grundgebühr 1,50 bis 4 Euro, pro Kilometer 40–80 Cent. In Estland gibt es für Taxiunternehmen keine Festtarife. Vergleichen lohnt sich, vorher fragen! Tallinn: *Klubi Takso | Tel. 142 00; Linnatakso | Tel. 12 24;* Rīga: *Rīga Taxi | Tel. 68 00 10 10,* Beschwerdetelefon: *Tel. 67 01 27 01;* Vilnius: *Martono | Tel. 5 240 00 04*

TELEFON & HANDY

Die Ländervorwahlen lauten *00371* für Lettland, *00372* für Estland und *00370* für Litauen. Estland und Lettland kennen keine Vorwahlen ins Ortsnetz. Lettische Festnetznummern haben als erste Ziffer immer eine 6, Handynummern eine 2 am Anfang. In Litauen gibt es noch Ortsvorwahlen, Vilnius hat etwa die 5, Kaunas die 37 – was aber Reisende nicht kümmern muss, sie wählen einfach immer die komplette Telefonnummer, auch innerhalb des Landes. Zur Durchwahl aus dem Baltikum nach Deutschland wählt man *Tel. 0049,* für Österreich *Tel. 0043,* für die Schweiz *Tel. 0041.*

Die Mobilfunknetze haben eine gute Abdeckung und 5G ist beim Datenverkehr schon seit 2018 Standard. Deutsche Handys funktionieren tadellos. Wer gerade zur Urlaubszeit wechseln möchte: Lettland ist bekannt für die günstigsten Handyverträge Europas.

TOILETTEN

Bei der Kennzeichnung der Toiletten werden oft folgende Symbole verwendet: Δ = Frauen, ▼ = Männer. Achtung: Im Estnischen steht das „m“ für *mees* = Mann. Im Litauischen steht das „m“ für *moterys* = Frau! Sind Sie in Estland, bedeutet n = Frau, m = Mann. In Litauen m = Frau, v = Mann.

TRINKGELD

10 Prozent des Rechnungsbetrags sind in den Hauptstädten üblich.

UNTERKUNFT

Camping ist in allen drei Ländern *(camping.lv, camping.lt, camping-estonia.ee)* auf ausgewiesenen Plätzen möglich, das Campen in der freien Natur ist weitgehend geduldet, in den Nationalparks aber verboten. Beliebt sind auch Ferien auf dem Land. Eine Auswahl in Estland finden Sie auf *www.maaturism.ee.* Landhäuser in Lettland vermittelt *Lauku Ceļotāis | Tel. 67617600 | www.celotajs.lv.* Infos über Landtourismus in Litauen und Unterkünfte gibt es unter *www.atostogoskaime.lt.* In den Städten lohnt sich auch ein Blick auf Webseiten, die Privatunterkünfte vermitteln wie *airbnb.com*.

ZEIT

Die Zeit im Baltikum ist der mitteleuropäischen um 1 Std. voraus. Die Länder stellen auf Sommerzeit um.

ZOLL

Für Ein- und Ausfuhr gelten die EU-Bestimmungen. Außer Landes mitnehmen dürfen Sie u.a. 800 Zigaretten, 10 l Spirituosen, 90 l Wein. Für Schweizer gelten bei der Einfuhr geringere als die EU-Mengen. Antiquitäten und Kunstwerke, die älter als 50 Jahre sind, dürfen nur mit Genehmigung ausgeführt werden. Weitere Infos: *www.zoll.de*.

WETTER IN RĪGA

	Jan.	Feb.	März	April	Mai	Juni	Juli	Aug.	Sept.	Okt.	Nov.	Dez.
Tagestemperaturen in °C	-2	-2	2	9	16	19	22	21	16	10	4	0
Nachttemperaturen in °C	-8	-8	-5	1	5	9	12	11	8	3	-1	-5
Sonnenschein Stunden/Tag	1	2	5	7	9	9	9	8	6	3	1	1
Niederschlag Tage/Monat	19	15	12	13	12	13	14	15	15	16	17	18
Wassertemperaturen in °C	1	0	1	2	7	12	16	17	14	10	7	4

Sonnenschein Stunden/Tag · Niederschlag Tage/Monat · Wassertemperaturen in °C

SPRACHFÜHRER ESTNISCH

AUSSPRACHE

õ	wie „ö" ohne Lippenrundung, kurz gesprochen und hinten im Mund artikuliert, zwischen langem „u" und „ö"
e	wie kurzes „ä"
h	stimmlos, vor Konsonanten wie „ch"

AUF EINEN BLICK

ja/nein/vielleicht	jah/ei/võib olla
Bitte./Danke.	Palun./Tänan.
Entschuldige./Entschuldigen Sie!	Vabandust./Vabandage!
Wie bitte?	Kuidas palun?
Ich möchte .../Haben Sie ...?	Ma tahan .../Kas teil on ...?
Wie viel kostet ...?	Kui palju see maksab?
Bank/Geldautomat	pank/rahaautomaat
Gute(n) Morgen!/Tag!/Abend!/Nacht!	Tere hommikust!/Tere päevast!/Tere õhtust!/Head ööht!
Hallo!/Auf Wiedersehen!	Tere!/Head aega!
Wie viel Uhr ist es?	Mis kell on?
heute/morgen/gestern	täna/homme/eile
Hilfe!/Achtung!/Vorsicht!	Appi!/Avarii!/Ettevaatust!
Krankenwagen	kiirabi
Polizei/Feuerwehr	politsei/tulekahju
Arzt/Zahnarzt/Kinderarzt	arst/hambaarst/lastearst
Krankenhaus/Notfallpraxis	haigla/vältimatu kirurgia
Fieber/Schmerzen	palavik/valud
Durchfall/Übelkeit	kõhulahtisus/paha
Apotheke	apteek

UNTERWEGS

offen/geschlossen	avatud/suletud
Abfahrt/Abflug/Ankunft	ärasõit/lahkumine/saabumine
Toiletten	tualett
Damen	naistele/daamid
Herren	meestele/härrad
Wo ist ...?/Wo sind ...?	Kus on ...?
links/rechts	vasakule/parmale

KAS SA OSKAD EESTI KEELT?

„Sprichst du Estnisch?" Dieser Sprachführer hilft Ihnen, die wichtigsten Wörter und Sätze auf Estnisch zu sagen

geradeaus/zurück	otse/tagasi
Parkplatz/Parkhaus	parkla/valvega autoparkla
Bahnhof/Hafen	raudtejaam/sadam
Flughafen	lennujaam
Ich möchte ... mieten.	Ma tahaksin ... üürida.
ein Auto/ein Fahrrad	autot/jalgratast
ein Boot	paati
Tankstelle	bensiinjaam
Benzin/Diesel	bensiin/diisel
Panne/Werkstatt	õnnetus juhtum/autoteenindus

ESSEN & TRINKEN/ÜBERNACHTEN

Reservieren Sie uns bitte für heute Abend einen Tisch für vier Personen.	Palun reserveerige meile täna õhtuks üks laud neljale inimesele.
Die Speisekarte, bitte.	Menüüd, palun.
Könnte ich bitte ... haben?	Ma tahan, palun, ...?
Ich möchte zahlen, bitte.	Palun, arvet!
Haben Sie noch ...?	Kas teil on ...?
Einzelzimmer	ühene tuba
Doppelzimmer	tahene tuba
Frühstück/Halbpension	hommikussöök/poole kostirahaga
mit Dusche/Bad	dušširuumiga/vannitoaga

TELEKOMMUNIKATION & MEDIEN

Briefmarke/Brief	kirjamark/kirjad
Ich brauche eine Telefonkarte fürs Festnetz.	Mul on vaja telefonikaarti püsivõrku.
Ich suche eine Prepaidkarte für mein Handy.	Otsin kõnekaarti mu mobiili.
wählen/Verbindung/besetzt	kõne/telefoniliin/hõivatud
Internetanschluss/WLAN	internetiühendus/wireless lan

ZAHLEN

0	null	6	kuus
1	üks	7	seitse
2	kaks	8	kaheksa
3	kolm	9	üheksa
4	neli	10	kümme
5	viis	100	sada

SPRACHFÜHRER LETTISCH

AUSSPRACHE

ā, ē, ī, ū	lang gesprochen, ähnlich „ah“, „äh“, „ie“, „uh“	ļ	wie „l“ in Glück
č	wie „tsch“	ņ	wie „n“ in nützlich
ģ	spricht man wie „j“ in Jeans	š	wie „sch“
ķ	wie „k“ in König	ž	wie „g“ in Genie

AUF EINEN BLICK

ja/nein/vielleicht	jā/nē/varbūt
bitte/danke	lūdzu/paldies
Entschuldigen Sie!	Atvainojiet!
Wie bitte?	Kā, lūdzu?
Ich möchte .../Haben Sie ...?	Es vēlos .../Vai jums ir ...?
Wie viel kostet ...?	Cik maksā ...?
Bank/Geldautomat	banka/bankomāts
Gute(n) Morgen!/Tag!/Abend!/Nacht!	Labrīt!/Labdien!/Labvakar!/Ar labu nakti!
Auf Wiedersehen!	Uz redzēšanos!
Wie viel Uhr ist es?	Cik (ir) pulkstenis?
Hilfe!/Achtung!/Vorsicht!	Palīgā!/Uzmanību!/Uzmanīgi!
Krankenwagen	ātrā palīdzība
Polizei/Feuerwehr	policija/ugunsdzēsēji
Arzt/Zahnarzt/Kinderarzt	ārsts/zobārsts/pediatrs
Krankenhaus	slimnīca
Fieber/Schmerzen	drudzis/sāpes
Durchfall/Übelkeit	caureja/slikta dūša
Apotheke	aptieka

UNTERWEGS

offen/geschlossen	atvērts/slēgts
Abfahrt/Abflug/Ankunft	atiešana/izlidošana/pienākšana
Toiletten	tualetes
Damen	sieviešu (S)/dāmas (D)
Herren	kungi (K)/vīriešu (V)
Wo ist ...?/Wo sind ...?	Kur ir ...?/Kur ir ...?
links/rechts	pa kreisi/pa labi

VAI TU RUNĀ LATVISKI?

„Sprichst du Lettisch?" Dieser Sprachführer hilft Ihnen, die wichtigsten Wörter und Sätze auf Lettisch zu sagen

geradeaus/zurück	Uz priekšu/atpakaļ
Parkplatz/Parkhaus	auto novietne/auto stāvvieta
Bahnhof/Hafen	(dzelzceļa) stacija/osta
Flughafen	lidosta
Ich möchte ... mieten.	Es vēlos noīrēt ...
ein Auto/ein Fahrrad	(auto)mašīnu/velosipēdu
ein Boot	laivu
Tankstelle	degvielas uzpildes stacija
Benzin/Diesel	benzīns/dīzeļdegviela
Panne/Werkstatt	avārija/auto darbnīca

ESSEN & TRINKEN/ÜBERNACHTEN

Reservieren Sie uns bitte für heute Abend einen Tisch für vier Personen.	Lūdzu, rezervējiet mums šim vakaram galdiņu četrām personām.
Die Speisekarte, bitte.	Lūdzu, atnesiet ēdienkarti!
Könnte ich bitte ... haben?	Vai varu palūgt ...?
Ich möchte zahlen, bitte.	Es vēlos samaksāt.
Haben Sie noch ...?	Vai jums vēl ir ...?
Einzelzimmer	vienvietīga istaba
Doppelzimmer	divvietīga istaba
Frühstück/Halbpension	ar brokastīm/ar puspansiju
Dusche/Bad	duša/vanna

TELEKOMMUNIKATION & MEDIEN

Briefmarke/Brief	pastmarka/vēstule
Ich brauche eine Telefonkarte fürs Festnetz.	Man vajag telefona karti.
Ich suche eine Prepaidkarte für mein Handy.	Vēlos priekšapmaksas karti mobilam telefonam.
wählen/Verbindung/besetzt	zvanīt/savienojums/aizņemts
Internetanschluss/WLAN	interneta pieslēgums/WLAN

ZAHLEN

0	nulle	6	seši
1	viens	7	septiņi
2	divi	8	astoņi
3	trīs	9	deviņi
4	četri	10	desmit
5	pieci	100	simts

SPRACHFÜHRER LITAUISCH

AUSSPRACHE

ą	langes „a"
č	wie deutsches „tsch"
ę	lang und offen wie „ä"
ė	lang und geschlossen wie in Esel
į	langes „i"
š	wie deutsches „sch"
ų, ū	langes u
v	wie deutsches „w"
y	langes „i"
z	stimmhaft wie „s" in sauber
ž	wie „j" in Jeans

AUF EINEN BLICK

ja/nein/vielleicht	taip/ne/galbūt
bitte/danke	prašau/ačiū
Entschuldigen Sie!	Atsiprašau!
Wie bitte?	Kas?
Ich möchte .../Haben Sie ...?	Aš noriu .../Ar turite ...?
Wie viel kostet ...?	Kiek kainuoja ...?
alles/nichts	visi/nieko
Bank/Geldautomat	bankas/bankomatas
Gute(n) Morgen!/Tag!/Abend!/Nacht!	Labas rytas!/Laba diena!/Labas vakaras!/Labanaktis!
Hallo!/Auf Wiedersehen!	Sveiki!/Iki pasimatymo!
Wie viel Uhr ist es?	Kuri vanada?
Hilfe!/Achtung!/Vorsicht!	Gelbėkite!/Dėmesio!/Atsargiai!
Krankenwagen	greitoji pagalba
Polizei/Feuerwehr	policija/gaisras
Arzt/Zahnarzt/Kinderarzt	gydytojas/datų gydytojas/vaikų gydytojas
Krankenhaus/Notfallpraxis	ligoninė/medicinos punktas
Fieber/Schmerzen	karščiavimas/skausmas
Durchfall/Übelkeit	viduriavimas/pykinimas
Apotheke	vaistinė

UNTERWEGS

offen/geschlossen	atidara/uždaryta
Abfahrt/Abflug/Ankunft	išvykimo/išvykimo/atvykimo
Toiletten/Damen/Herren	tualetas/moterims/vyrams
Wo ist ...?/Wo sind ...?	Kur ir .../Kur yra ...?

AR TU KALBI LIETUVIŠKAI?

„Sprichst du Litauisch?" Dieser Sprachführer hilft Ihnen, die wichtigsten Wörter und Sätze auf Litauisch zu sagen

links/rechts	kairė/dešinė
geradeaus/zurück	tiesiai/atgal
Parkplatz	automobilių stovėjimo aikštelė
Bahnhof/Hafen/Flughafen	geležinkelio stotis/uostas/oro uostas
Ich möchte ... mieten.	Aš norėčiau ... iširuomoti.
ein Auto/ein Fahrrad	automobilį/dviratį
ein Boot	valtį
Tankstelle	degalinė
Benzin/Diesel	benzinas/dyzeliniai degalai
Panne/Werkstatt	avarija/autoservisas

ESSEN & TRINKEN/ÜBERNACHTEN

Reservieren Sie uns bitte für heute Abend einen Tisch für vier Personen!	Aš norėčiau užsirezervuoti šiandien vakare viena stalą keturiems žmonėms!
Die Speisekarte, bitte.	Prašom, valgiaraštį!
Könnte ich bitte ... haben?	Aš norečiau ...?
Ich möchte zahlen, bitte.	Prašom, saskąitą!
Haben Sie noch ...?	Ar turite ...?
Einzelzimmer/Doppelzimmer	vienvietis kambarys/duivietis kambarys
Frühstück/Halbpension	pusryčiai/su pusryčiais ir vakariene
Dusche/Bad	dušas/vonia

TELEKOMMUNIKATION & MEDIEN

Briefmarke/Brief/Postkarte	pašto ženklai/laiškai/atvirukas
Ich brauche eine Telefonkarte fürs Festnetz.	Man raikia telefono kortėle yra fiksuotojo ryšio tinklo.
Ich suche eine Prepaidkarte für mein Handy.	Aš ieškau išanksto apmokėtos kortelės mano mobilują telefona.
wählen/Verbindung/besetzt	rinkti/ryšys/užimtas
Internetanschluss/WLAN	interneto ryšys/WLAN

ZAHLEN

0	nulis	6	šeši
1	vienas	7	septyni
2	du	8	aštuoni
3	trys	9	devyni
4	keturi	10	dešimt
5	penki	100	šimtas

REISEATLAS

Verlauf der Erlebnistour „Perfekt im Überblick"

Verlauf der Erlebnistouren

Der Gesamtverlauf aller Touren ist auch in der herausnehmbaren Faltkarte eingetragen

 Bild: Holzkirche bei Ezernieki (Lettland)

Unterwegs im Baltikum

Die Seiteneinteilung für den Reiseatlas finden Sie auf dem hinteren Umschlag dieses Reiseführers

A
B
C
1
2
3
4
5
6
Mariehamn
Kapellskär
Stockholm
20 km
12.4 mi
BALTI MERI
Osmussaar saar
Dirhami
Rigulo
Hara
Tahkuna n.
Lehtma
Hiiumaa saar
Vormsi saar
Vormsi majäks
Saxby
Norrby
Hullo
Sviby
Haapsal
Harikurk väin
Malvaste
Kõrgessaare
Pihla
Kärdla
52
Tubala
Põhla-Ristna nina
Kalana
Luidja laht
Andruse mägi
Luidja
Heiste
Hellamaa
Vohilaid saar
Valgeväljä
Rohuküla
Kõpu
Hüti
Vahtrepa
Kõpu poolsaar
Mardihansu laht
Tihu järv
Suuremõisa
Heltermaa
Kaigutsi
Käina
Heinlaiu saar
Tauksi saar
Lelu
Soonlepa laht
Kaevati saar
Hiiumaa
Nurste
Jausa
Kassari
Kassari saar
Jausa laht
Vanamõisa laht
Valgu
Emmaste
Sõru
Muhu saar
Soela väin
Kõinastu saar
Tupenurme
Pammana neem
Pammana
Liiva
Hellamaa
Saaremaa saar
Panga pank
Koguva
Piiri
Kuivastu
Leisi
Randküla
Panga
Metsküla
Orissaare
Nihatu
Pädaste
Küdema laht
Võhma
Angla
Udempanga laht
Tagaranna
Karja
Tagavere
Põide
Tornimäe
Kihelkonna laht
Tagamõisa poolsaar
Jarise
Taga laht
Veere
Jarise järv
Pamma
Koikla
Ratla
Koigi järv
Kõrkvere
Mustjala
76
Kurevere
Eikla
Valjala
Laimjala
Vilsandi saar
Pidula
Sauvere
Haeska
Kihelkonna
Karu järv
Hakjala
Kraaterjärv
Kõljala
Kallemäe
Atla laht
Viki
Aste
Kärla
Turja
Viidumäe
Kiratsi
Vilsandi rahvuspark
Atla
Püha
Lümanda
Käesla
Suurlahe järv
Sandla
Vaivere
Karala
Kuressaare piiskopilinnus
Mullutu järv
Sutu laht
Sääretüki neem
Kailuka
Koimla
Kuressaare
Nasva
Kuressaare laht
Vetelanina neem
Lõmala
Salme
Abruka
Allirahu saar
Saaremaa
Kasema saar
Abruka saar
Hoostelaiu saar
Anseküla
Kirjurahu saar
Kirjalaiu neem
48
Liivi
Jämaja
Sõrve poolsaar
Mässa
Sääre
Sõrve neem
Lombimaa saar
Ruhnu saar
Ruhnu
142
Sõrve

D
E
F
Põhjaküla
Naissaar saar
Aegna saar
Viimsi poolsaar
Rohuneem
Rammusaar s.
Lõunaküla
Haabneeme
Tallinna laht
Viimsi
Maardu
Neeme
Kaberneeme
Kolga laht
Kakumäe laht
Rocca al Mare
Jõelähtme
Jägala kosk
Kiiu
1
Viti
Rannamõisa
TALLINN
Loo
Kostivere
Saha
Jägala
Lohusalu
Keila-Joa
Lagedi
Aruküla
Raasiku
Väike-Pakri saar
Paldiski
Maalisea kosk
Laagri
Harku
Ülemiste
Jüri
Kehra
Suur-Pakri saar
Klooga
Keila
Saue
Luige
Vaida
Keibu
Kurkse
Ämari
Saku
Alavere
Rummu
Vasalemma
Tuhala
Nõva
Harju-Risti
Padise
Kiisa
Kose-Uuemõisa
Audevälja
Kose
Ravilla
Hatu
Pohla
Kurtna
2
Hageri
Kohila
Suursoo soo
Järlepa
Paunküla
Ojasoo
Ardu
Kernu
Variku
Riisipere
Seljaküla
Turba
Via Baltica
Hagudi
Juuru
Köue
Kuimetsa
Raka
Ingliste
Kaiu
Risti
Rapla
Linnamäe
Jalase
Põlliku
Palivere
Taebla
Kehtna
Marimetsa
Silla
Tamme
Raikküla
Sipa
Koluvere
Kullamaa
Märjamaa
Ahtama
Ridala
Lelle
Martna
Läänemaa
Raplamaa
Käru
3
Oonga
E
S
T
I
Velise
Valgu
Lihuvski
Järvakandi
Türi
Vana-Vigala
Eidapere
Laupa
Pärdu
Kirbla
Kivi-Vigala
Penijõe
Kaisma
Lihula
Vändra
Oidrema
Tuudi
Pärnjõe
Kurgja
Karuse
Tarva
Suurejõe
Pärnu-Jaagupi
Maima
Tootsi
Kaansoo
Oidrema
4
Viljandimaa
Kalli
Are
Suigu
Paatsalu
Lavassaare
Sauga
Riisa
Kuresoo soo
Oksa
Pärnumaa
Tori
Soomaa rahvuspark
Varbla
Tõhela järv
Audru
Sauga
Kikepera soo
Kihlepa
Sindi
Ermistu järv
Tipu
Pärnu
Paikuse
Matsi
Kulli
Tõstamaa
Silla
Kõpu
Seliste
Liu
Uulu
Metsaküla
Uue-Kariste
5
Munalaid
Surju
Manilaid
Võiste
Sigaste
Rannametsa-Soometsa
Tihemetsa
Vana-Kariste
Kilingi-Nõmme
Abja-Paluoja
Linaküla
Lemsi
Rannametsa
Kihnu saar
Mõisaküla
Häädemeeste
Pärnu laht
Penuja
Tali
laht
Urissaare
Soomaa
Nigula
Jäärja
Kabli
Laiksaare
Vilpulka
Majaka
6
Treimani
LATVIJA
Rūjiena
Ainaži
Rozēni
Mazsalaca
Sēļi
Kuiviži
Staicele
Vecate
139
144

A
B
C
1
2
3
4
5
6
Prangli saar
Purikarinem poolsaar
Juminda
Jumindanina poolsaar
Rammusaar saar
Uhtju looduskaitseala
Viinistu
Hara laht
Eru laht
Suurpea
Loksa
Käsmu
Vergi
Altja
Vainupea
Aabla
Lahemaa rahvuspark
Võsu
Sagadi
Vihula
Karepa
Noonu
Palmse
Metsiku
Karulõpe
Toolse
Helsinki
St. Petersburg
Stockholm, Mariehamn
Viimsi poolsaar
Rohuneeme
Haabneeme
Viimsi
TALLINN
Maardu
Neeme
Kaberneeme laht
Ihasalu laht
Kaberneeme
Kolga laht
Muuksi
Kolga
Liiapeksi
Valgejõe
Jõelähtme
Jägala kosk
Kiiu
Loo
Saha
Kostivere
E20
Jägala
Kuusalu
Loobu
Viitna
Haljala
Ubja
Ülemiste
Lagedi
Mõndavere
Ohepalu looduskaitseala
Hulja
Rakvere
Männiku
Jüri
Raasiku
Aruküla
Kehra
Harjumaa
Mustjõe
Aegviidu
Kadrina
Lepna
Vinni
Luige
Kiili
Vaida
Tapa
Moe
Pajusti
Kiisa
Tuhala
Alavere
Vetla
Jäneda
Lehtse
Viru-Jaagupi
Kurtna
Kose-Uuemõisa
Kose
Ravila
Assamalla
Porkuni
Veadla
Aruküla
Kohila
Käravete
Ambla
Tamsalu
Jäneda
Järlepa
Ojasoo
Paunküla
Aravete
Lääne-Viru
Vao
Väike-Maarja
Ardu
Madise
Järva
Raka
Hagudi
Juuru
Kõue
Kuimetsa
Võõbu
Võhmuta
Kiltsi
Simuna
Ingliste
Roosna-Alliku
Järva-Jaani
Puhmu
Rapla
Kaiu
Anna
Vahuküla
Rakke
Salla
Kehtna
Põlliku
EESTI
Järvamaa
Peetri
Koeru
Raikküla
Raplamaa
Väätsa
Mäo
Paide
Köisi
Lelle
Endla looduskaitseala
Toomaa
Kirna
Seinapalu
Koigi
Käru
Türi
Prandi
Laimetsa
Arisvere
Järvakandi
Särevere
Oisu
Eidapere
Laupa
E263
Kalana
Jõgeva
Kabala
Imavere
Adavere
Jõgeva
Siimusti
Kaisma
Vändra
Kurgja
Pilistvere
Põltsamaa
Sadukula
Kaarepere
Pärnjõe
Tootsi
Võhma
Kõo
Kamari
Kursi
Suurejõe
Kaansoo
Lõhavere
Umbusi
Puurmani
Suigu
Suure-Jaani
Olustvere
Navesti
Parika
Kolga-Jaani
Võivaku
Parika järv
Laeva
Tori
Riisa
Kuresoo
Soomaa rahvuspark
Oksa
Vastemõisa
Saarepeedi
Alam-Pedja
Kikepera soo
Erdi soo
Metsküla
Viljandimaa
Tänassilma
Õiu
Vaibla
Emajõgi
Tipu
Viiratsi
Viljandi
Väike-Rakke
Puhja
Heimtali
Võrtsjärv
Kõpu
Ramsi
Loodi looduspark
Holstre
Neemisküla
Meeri
Paistu
Annikoru
Uue-Kariste
Mustla
Kivilõppe
Rannu
Konguta
Elva
Sigaste
Oisu jv.
Õisu
Soe
Ura
Vana-Kariste
Halliste
Kärstna
Suislepa
Rõngu
Kilingi-Nõmme
Tihemetsa
Abja-Paluoja
Karksi
Mõisaküla
Karksi-Nuia
Sudiste
E264
Tali
Penuja
Pori
Otepää
Sookuninga
Lanksaare
Jäärja
Ala
Puka
Kuigatsi
Lilli
Taagepera
Tõrva
Väike-Emajõgi
Pühajärv
Kääriku
Jõgeveste
Pripalu
Keeni
LATVIJA
Holdre
Valgamaa
Hummuli
Sangaste
Rūjiena
P17
P21
P22
144

D
E
F
20 km
12.4 mi
1
2
3
4
5
6
Narvskij zaliv
Нарвский залив
Narva laht
Maastika kaitsela
Aseri
Mahu
Viru-Nigula
Purtse
Kohtla-Järve
Varja
Püssi
Sonda
Kiviõli
Ulvi
Maidla
Kohtla-Nõmme
Sompa
Kukruse
Jõhvi
Ontika
Valaste
Toila
Voka
Sillamäe
Sinimäe
Auvere
Narva
Ivangorod
Ивангород
Narva-Jõesuu
Vivikonna
Sirgala
Ahtme
Kiikla
Oandu
Anguse
Tarumaa
Mäetaguse
Illuka
Kuremäe
Pühtitsa
Puhatu soo
Kuningaküla
Roela
Tudu
Muuga
Peressaare
Iisaku
Imatu
Agusalu soo
Jaama
Tudulinna
Kauksi
Alajõe
Vasknarva
Rannapungerja
Lohusuu
Avinurme
Luusika
Sadala
Mustvee
Raja
Torma
Omedu
Ranna
Palamuse
Vanassaare
Pala
Kokora
Kallaste
Alatskivi
Kolkja
Varnja
Kavastu
Meerapalu
Piiri
Laaksaare
Tigase
Melliste
Reola
Võnnu
Lääniste
Ahja
Rasina
Mehikoorma
Mooste
Räpina
Kambja
Vaste-Kuuste
Maaritsa
Karilatsi
Taevaskoja
Kiidjärve
Põlva
Kirmsi
Mikitamäe
Veriora
Värska
Leevaku
Võõpsu
Saverna
Krootuse
Hurmi
Kanepi
Vana-Koiola
Leevi
Suure-Usenitsa
Tartu
Maramaa
Kõrveküla
Tähetorn
Peipsi Järv
Čudskoe ozero
ЧУДСКОЕ ОЗ.
Pskovskoe ozero
ROSSIJA
Ust'-Luga
Vyb'e
Gakkovo
Kir'jamo
Bol'šoe Kuzemkino
Kurovicy
Orly
Kallivere
Venekjula
Kejkino
Pervoe Maja
Monastyrek
Krivaja Luka
Bol. Borovno
Otradnoe
Slancy
Сланцы
Bol. Polja
Popkova Gora
Savinovščina
Peleši
Vyskatka
Bol. Rožki
Pereyolok
Skam'ja
Kozlov Bereg
Potrehnovo
Vejno
Guseva Gora
Rubcovščina
Dobruči
Izluč'e
Kamennyj Konec
Podoles'e
Kanukovščina
Ljubimec
Kamenka
Ličenno
Gdov
Podospa
Sel'cy
Maziha
Ščepec
Blynki
Kolokolovo
Afonosovo
Pribuž
Terba
Vetvenik
Juškino
Černevo
Trutnevo
Lynevščina
Zamogil'e
Samujlikovo
Teličyno
Spicyno
Apalevo
Zalahtov'e
Partizanskaja
Korytno
Raskopel'
Ida
Dragotina
Jamm
Polna
Zabel'skoe
Ostrovcy
Podoles'e
Podborov'e
Nizovicy
Gluš'
Molodi
Vatrja
Karpovščina
Znamenka
Borovik
Sel'co
Pnevo
Balsovo
Terebišče
Lipno
Seredka
Zahody
Mtež
Šartovo
Zamel'nič'e
Kul'e
Kiršino
Ostrov Zalita
Tolbica
Podmotsa
Verholino
Ol'gi
Naronovo
Židilov Bor
Obiža
Ešovo
Krupp
Moložva
Saatse
Gorodišče
Treski

145

A
B
C
1
2
3
4
5
6
20 km
12.4 mi
Stockholm
Nynäshamn
BALTIJAS JŪRA
Irbenivāin
Slīteres nacionālais parks
Saunags
Pitrags
Mazirbe
P124
P131
Sīkrags
Lielirbe
Melnsils
Mikeltornis
Lūžņa
Ovišrags
Oviši
Mūņi
P125
Trumpji
Ostupe
Pilsupe
Puiškalni
Dundaga
Kurbe
Stāvkrasts
Liepene
Vēde
Ance
Virpe
Circeņi
Staldzene
Bašnieku ezers
Ventspils
Pope
A10
E22
Ģibzde
P126
Valdemārpils
Dampeļi
Tārgale
Kamārce
Puzes ezers
Blāzma
Stende
Āmele
Stiķi
Ciruļi
Pūņas
Sasmakas ezers
Vanagi
Vārve
Lēči
Ugāle
Talsi
Īlini
P122
Piltene
P108
Užava
Silmalas
Kaktiņi
Usma
Spāre
Spāres ezers
Pastende
Ģibuļi
Dižstende
P123
Laidzesciems
Moricsalas
Cirkale
Usmas ezers
Amjudze
P120
Stende
Ziras
Muči
Zlēkas
Venta
P111
Sārnate
Ezeri
Mordangas ezers
Jaunpagasts
115
59
Abava
Renda
Sabile
Lēpīcas
Nabas ezers
Ozoli
Pedvāle
Jūrkalne
Buri
Ēdole
Padure
Riežupe
Plostiņi
Vīšļi
Alsunga
P119
Kuldīga
Matkule
Prjedaine
P121
Kabile
Ventas rumba
Ulmale
Pāvilosta
Rīva
Gudenieki
Birži
Vilgales ezers
Novadnieki
Vēdzele
Vāne
Austrumkursas
Akmensrags
Saka
P112
Vārme
Ābeles
Jaunlutriņi
Variebi
Grīņu
Durbe
Tebra
Apriķi
Turlava
P116
Lielsātiķi
LATVIJA
Kurzeme
Kurzemes augstiene
Kukuri
Cildi
Rañķi
Ošenieki
Gaiki
Ziemupe
Cīrava
Kazdanga
Laidi
Lutriņi
Vērgale
Marijas
Aizpute
Valtaiķi
P117
Pakulu ezers
Druva
Brocēni
Saraiķi
Skrunda
Zirņi
Saldus
Vecpils
Rāva
Rudbārži
Jaunāmuiža
Ciecere
Tosmares ezers
Tašu ezers
Durbes ezers
Durbe
Kalvene
A9
Dzelzgale
Pauļi
Tāši
Dzelda
Grobiņa
Krote
Veckalēji
Pampāļi
P105
Karlshamn
Rostock
Liepāja
Tadaiķi
P106
Bunka
Embūte
P107
Dubeņi
Kursīši
Vārtaja
Priekule
Nīgrande
Liepājas ezers
Vaiņode
Kalni
Ezere
Bernāti
Rude
P113
P114
Pikeliai
Krūte
Nīca
Kalēti
Bārta
Streliškiai
Laižuva
Plostagals
Aizvīķi
Židikai
Mažeikiai
Jūrmalciems
Purvenai
Ječi
Narvydžiai
170
Ukrinai
Nūpu kalns
A11
Skuodas
Aleksandrija
Ylakiai
Žemalė
Tirkšliai
Pakupys
Pašilė
207
Luoba
Varduva
164
Viekšniai
Papes ezers
Lenkimai
Daukšiai
Raudonai
Užlieknė
Rucava
218
Mosėdis
Barstyčiai
Seda
Svirkančiai
Pape
Senoji Ipiltis
Šatės
Plinkšės
194
Žemaičių Kalvarija
Nevarėnai
A13
Grūšlaukė
Salantai
Orvydų sodyba
Žemaitijos nacionalinis parkas
161
Tryškiai
LIETUVA
138
146

139

D
E
F
Ruhnu
Ruhnu saar
Ainaži
Kuiviži
Salacgrīva
Kirbiži
Dzeņi
Tūja
Skulte
Zvejniekciems
Saulkrasti
Lilaste
Carnikava
Garciems
Vecāķi
Ādaži
Kadaga
Garkalne
Baltezers
Jaunciems
Bolderāja
Rīgas līcis
Vidzemes jūrmala
Roja
Kaltene
Upesgrīva
Mērsrags
Dārte
Vandzene
Krievragciems
Engures ezera dabas parks
Engures ezers
Bērzciems
Nurmuižas pils
Plavmuiža
Engure
Zentene
Cēre
Lamiņi
Bebrupe
Kandava
Pūre
Plieņciems
Apšuciems
Klapkalnciems
Ragaciems
Lapmežciems
Jūrmala
Ķemeri
Ķemeru nacionālais parks
Slokenbeka
Smārde
Milzkalne
Jaunmoku pils
Tukums
Pumpuri
Priedaine
Pinķi
Babītes ezers
Skirotava
Ulbroka
Sauriesi
Etnogrāfiskais
Ķīšezers
Lielais Baltezers
Rīga
RIX
Jaunmārupe
Baloži
Salaspils
Ķekava
Olaine
Pēterņieki
Baldone
Via Baltica
Zemīte
Grenči
Sāti
Irlava
Skapji
Slampe
Spirgus
Kalkis
Tīreļi
Kalnciems
Džūkste
Viesāti
Jaunpils
Pienava
Jaunbērze
Livbērze
Ozolnieki
Jelgava
Bikstī
Annenieki
Kaķenieki
Zebres ezers
Blīdene
Dobele
Dorupe
Ane
Garoza
Iecava
Misa
Zebrene
Sesava
Svēte
Krimūnas
Vircava
Staļģene
Līgere
Liekauces ezers
Lielauce
Bēne
Kalnamuiža
Zaļenieki
Āboliņi
Platone
Raiņi
Oglaine
Vairogi
Mežotne
Code
Bauska
Meža ainavu parks
Tērvete
Vilce
Eleja
Rundāle
Rundāles pils
Auce
Vītiņi
Augstkalne
Cērpaine
Ūkri
Žagarė
Vėlaičiai
Linkaičiai
Drąsutaičiai
Bērzi
Ādžūni
Uzvara
Naujoji Akmenė
Skaistgirys
Daunoravа
Kriukai
Skaķai
Žeimelis
Kiemėnai
Alkiškiai
Gaižaičiai
Dameliai
Jurdaičiai
Bariūnai
Joniškis
Lauksodis
Saločiai
Kruopiai
Jauneikiai
Mėdginai
Žadeikoniai
Vaškai
Barvydžiai
Kinkiai
Gataučiai
Pašvitinys
Ūdekai
Degėsiai
Papilė
Šakyna
Piktuižiai
Rudiškiai
Gasčiūnai
Guostagalis
Tetirvinai
Šiupyliai
Gruzdžiai
Jauniūnai
Binėnai
Triškoniai
Linkuva
Nartėkiai
Pasvalys
Meškuičiai
LATVIJA
LIETUVA
A1
A2
A4
A5
A6
A7
A8
A9
A10
A12
E22
E67
E77
P1
P2
P87
P88
P89
P92
P93
P94
P95
P96
P97
P98
P99
P101
P102
P103
P104
P121
P127
P128
P131
152
153
155
156
209
211
151

147

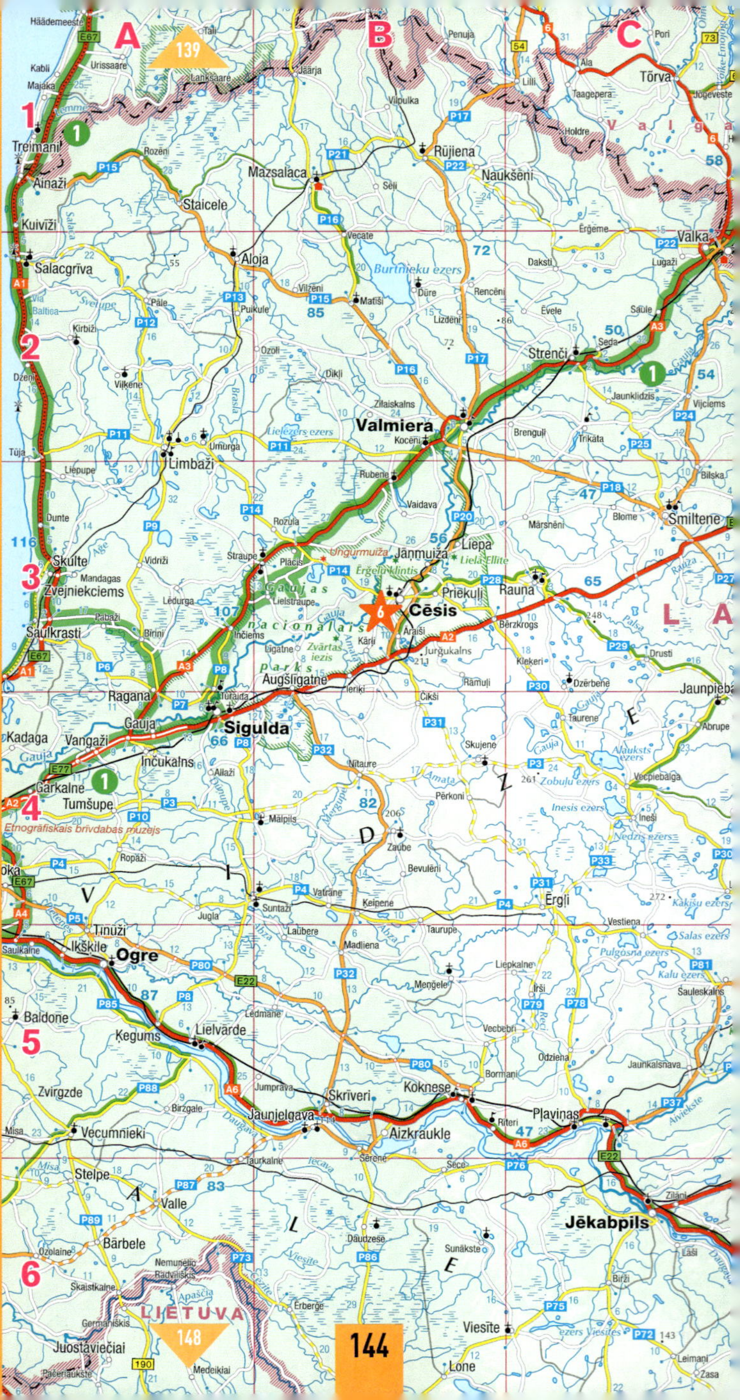
A
B
C
139
1
2
3
4
5
6
Häädemeeste
Tali
Penuja
Pori
Kabli
Urissaare
Jäärja
Ala
Tõrva
Majaka
Lanksaare
Lilli
Taagepera
Jõgeveste
Vilpulka
Holdre
Valga
Treimani
Rūjiena
Rozēni
Mazsalaca
Naukšēni
Ainaži
Staicele
Seļi
Kuiviži
Vecate
Ērģeme
Valka
Salacgrīva
Aloja
Burtnieku ezers
Lugaži
Vilzēni
Matīši
Dūre
Rencēni
Dakstí
Pāle
Puikule
Lizdēni
Ēvele
Saule
Kirbiži
Ozoli
Strenči
Seda
Dzēņi
Dikļi
Vilķene
Zilaiskalns
Jaunklidzis
Vijciems
Valmiera
Brenguļi
Lielezers ezers
Umurga
Kocēni
Trikāta
Tūja
Limbaži
Liepupe
Rubene
Bilska
Vaidava
Dunte
Blome
Smiltene
Mārsnēni
Rozula
Liepa
Jāņmuiža
Straupe
Ungurmuiža
Skulte
Plācis
Ērgļu klintis
Līgatne
Mandagas
Zvejniekciems
Gaujas
Priekuļi
Rauna
Lēdurga
Lielstraupe
nacionālais
Cēsis
Pabaži
Inčciems
Saulkrasti
Bīriņi
Āraiši
Bērzkrogs
Kārli
Jurģukalns
Zvārtas iezis
parks
Drusti
Ķieķeri
Augšlīgatne
Jaunpiebalga
Ragana
Turaida
Ieriķi
Dzērbene
Rāmuļi
Cīkši
Taurene
Gauja
Sigulda
Abrupe
Kadaga
Vangaži
Skujene
Alauksts ezers
Inčukalns
Allaži
Nītaure
Vecpiebalga
Zobuļu ezers
Amata
Garkalne
Pērkoni
Tumšupe
Inesis ezers
Etnogrāfiskais brīvdabas muzejs
Mālpils
Ineši
Nedzis ezers
Zaube
Ropaži
Bevulēni
Vatrāne
Ērgļi
Kakišu ezers
Suntaži
Kelpene
Vestiena
Jugla
Tinūži
Lauberе
Taurupe
Salas ezers
Saulkalne
Ikšķile
Madliena
Pulgosna ezers
Ogre
Liepkalne
Kaļu ezers
Menģele
Irši
Sauleskalns
Baldone
Lēdmane
Lielvārde
Vecbebri
Ķegums
Odziena
Jaunkalsnava
Bormaņi
Zvirgzde
Jumprava
Skrīveri
Koknese
Birzgale
Jaunjelgava
Rīteri
Pļaviņas
Aiviekste
Misa
Vecumnieki
Aizkraukle
Daugava
Taurkalne
Sērene
Sece
Stelpe
Iecava
Valle
Zilāni
Jēkabpils
Bārbele
Daudzese
Sunākste
Ozolaine
Nemunēlio Radviliškis
Lāši
Skaistkalne
Apaščia
Biržī
LIETUVA
Erberģe
Germaniškis
148
Viesīte
ezers Viesītes
Juostaviečiai
Leimaņi
Lone
Pačerauksté
Medeikiai
Zasa

D
E
F
Otepää
Põlvamaa
Puka
Pühajärv
Kuigatsi
Kääriku
Keeni-1
Sangaste
Tagula
Laatre
Tsirguliina
Antsla
Urvaste
Linnamäe
Osula
Sõmerpalu
Võru
Kanepi
Hurmi
Saverna
Krootuse
Põlva
Veriora
Kirmsi
Leevaku
Vana-Koiola
Vaimela
Parksepa
Lasara
Leevi
Ilumetsa
Suure-Usenitsa
Niitsiku
Orava
Lepassaare
Piusa
Matsuri
Mikitamäe
Treski
Värska
Podmotsa
Kulje
Sartovo
Шартово
Kiršino
Киршино
Pskovskoe ozero
Gorodišče
Городище
Krupp
Крупп
Saatse
Pečory
Печоры
Obinitsa
Tailovo
Таилово
Mitkovicy
Митковицы
Verebkovo
Веребково
Meremäe
Meeksi
Panikoviči
Паниковичи
Izborsk
Kašino
Кашино
Rotovo
Ротово
Mihalevo
Михалево
Vruda
Kütiorg
Võrumaa
Haanja
Suur Munamägi
Vastseliina
Rõuge
Ruusmäe
Misso
Lüllemäe
Ahijärve
Karula rahvuspark
Koikküla
Kantijärv
Laanemetsa
Varstu
Saru
Mõniste
Tiitsa
Mustjõgi
Mustjõe
Väheru
Litsmetsa
Parmuse
ROSSIJA
Lavry
Лавры
Lidva-2
Лидва-2
Vysokij Most
Высокий Мост
Jaseňci
Juškovo
Юшково
Pededze
Kozly
Козлы
Botvino
Ботвино
Kačanovo
Качаново
Павлово-Блины
Pavlovo-Bliny
Manuhnovo
Манухново
Sergino
Сергино
Rjascy
Рясцы
Ape
Gaujiena
Aumeistari
Melnupe
Lizespasts
Grundzāle
Vireši
Vidaga
Palsmane
Mārinkalns
Alūksnes ezers
Vētraine
Alsviķi
Alūksne
Brenci
Mālupe
Liepna
Zeltiņi
Anna
Jaunanna
Pilskalns
Kalniena
Māļu muiža
Lejasciems
Velēna
VIDZEME
Ranka
Lizums
Stāmeriena
Pededze
Kuprava
Žiguri
Viļaka
Anciferovo
Анциферово
Nosovo
Носово
Zahody
Заходы
Gulbene
Litene
Kubuli
Pe konu ezers
Balvi
Bērzkalne
Tirza
Druviena
Jaungulbene
Medņi
Rekova
Dzelzava
Ligo
Aizpurve
Rugāji
Zagrivje
Baltinava
Vaški
Вашки
Gavry
Гавры
Cesvaine
Kapūne
Benislava
Tilža
Lubāna
Lubāns
Buholovo
Бухолово
Bozova
Liede
Lazdona
Bērzpils
Ruskulava
Kārsava
Kuja
Degumnieki
Gaigalava
Vecstrūžāni
Strūžāni
Rogovka
Laudona
Barkava
Mērdzene
Pušmucova
Varakļāni
Atspuka
Dricāni
Ilzeskalns
Bērzgale
Ratiņes
Teiču rezervāts
Cirmes ezers
Lielais Ludzas ezers
Atašiene
Viļāni
Strupli
Rēzekne
Greiškāni
Ludza
Iztalsna
Sīļukalns
Ciskādi
Pildas ezers
Galēni
Kampišķi
Janopole
Stolerova
Nukši
Turki
Pustinka
Vecružina
Smelteri
Kruki
Prezma
Malta
Gajeva
Rudzāti
Vertukšne
Riebiņi
Līvāni
Upenieki
Vanagi
Feimanka
Preiļi
Gailmuiži
Zosna
Kaunata
Lepukalns
Rundēni
LATGALE
EST
RUS
20 km
12,4 mi

141

149

142

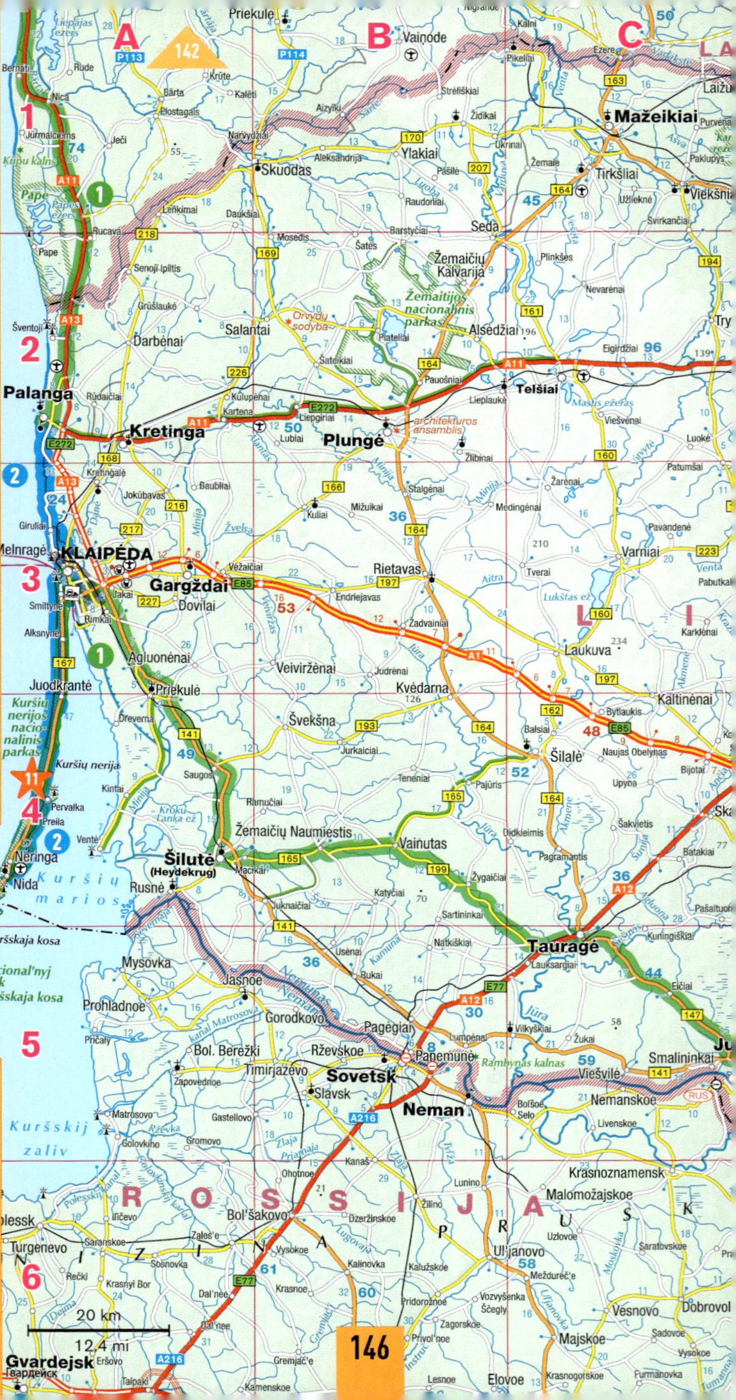
A
B
C
LA
1
2
3
4
5
6
Priekulė
Vainode
Kalni
Ezere
Liepājas ezers
Bernati
Rude
Nica
Bārta
Plostagals
Krūte
Kalēti
Aizyīki
Strėliškiai
Židikai
Pikeliai
Mažeikiai
Laižuva
Purvėnai
Jūrmalciems
Ječi
Narvydžiai
Aleksandrija
Ylakiai
Ukrinai
Žemalė
Tirkšliai
Viekšniai
Kūpu kalns
Skuodas
Pāsilė
Raudonlai
Užlieknė
Svirkančiai
Pape
Papes ezers
Lenkimai
Daukšiai
Barstyčiai
Šatės
Mosėdis
Seda
Plinkšės
Rucava
Senoji Įpiltis
Žemaičių Kalvarija
Nevarėnai
Grūšlaukė
Žemaitijos nacionalinis parkas
Orvydų sodyba
Plateliai
Alsėdžiai
Šventoji
Darbėnai
Salantai
Šateikiai
Eigirdžiai
Try
Palanga
Rūdaičiai
Kulupėnai
Kartena
Liepgiriai
Pauošniai
Telšiai
Lieplaukė
Masčio ežeras
Viešvėnai
Kretinga
Lubiai
Plungė
architektūros ansamblis
Žlibinai
Luokė
Kretingalė
Baubliai
Stalgėnai
Žarėnai
Patumšai
Jokūbavas
Kuliai
Mižuikai
Medingėnai
Pavandenė
Girulial
Melnragė
KLAIPĖDA
Gargždai
Vėžaičiai
Rietavas
Varniai
Tverai
Venta
Pabutkalnis
Smiltynė
Jakai
Dovilai
Endriejavas
Lukštas ež.
Rimkai
Žadvainiai
Alksnynė
Karklėnai
Laukuva
Agluonėnai
Veiviržėnai
Judrėnai
Juodkrantė
Kvėdarna
Priekulė
Kaltinėnai
Kuršių nerijos nacionalinis parkas
Dreverna
Švėkšna
Bytlaukis
Balsiai
Kuršių nerija
Šilalė
Naujas Obelynas
Jurkaičiai
Saugos
Bijotai
Kintai
Teneniai
Pajūris
Upyna
Pervalka
Preila
Ramučiai
Krokų Lanka ež.
Ventė
Žemaičių Naumiestis
Didkiemis
Šakvietis
Vaiņutas
Batakiai
Neringa
Šilutė (Heydekrug)
Macikai
Pagramantis
Nida
Kuršių marios
Rusnė
Žygaičiai
Katyčiai
Sartininkai
Pašaltuonys
Juknaičiai
Kuršskaja kosa
Natkiškiai
Kuningiškiai
Usėnai
Tauragė
Lauksargiai
Mysovka
Nacional'nyj park Kuršskaja kosa
Jasnoe
Rukai
Eičiai
Nemunas
Neman
Prohladnoe
Gorodkovo
Pagėgiai
Vilkyškiai
Žukai
Lumpėnai
Pričaly
kanal Matrosova
Bol. Berežki
Rževskoe
Panemunė
Rambynas kalnas
Smalininkai
Timirjazevo
Sovetsk
Viešvilė
Zapovednoe
Slavsk
Bolšoe Selo
Nemanskoe
RUS
Gastellovo
Neman
Livenskoe
Matrosovo
Kuršskij zaliv
Golovkino
Rževka
Gromovo
Zlaja
Primaja
Kanaš
Krasnoznamensk
Ohotnoe
Lunino
Malomožajskoe
ROSSIJA
Polesskij kanal
Žilino
Polessk
Iličevo
Bol'šakovo
Dzeržinskoe
Zales'e
Uzlovoe
Turgenevo
Saranskoe
Vysokoe
Ul'janovo
Saratovskoe
Sosnovka
Kalinovka
Kalužskoe
Meždureč'e
Rečki
Krasnyj Bor
Dal'nee
Krasnoe
Pridorožnoe
Vozvyšenka
Ščegly
Vesnovo
Dobrovol
Zagorskoe
Sadovoe
Prívol'noe
Majskoe
Vysokoe
Gvardejsk
Гвардейск
Eršovo
Talpaki
Gremjač'e
Kamenskoe
Lesnoe
Elovoe
Krasnogorskoe
Furmanovka
20 km
12.4 mi
P113
P114
A11
A13
E272
A1
E85
A12
E77
A216
163
170
207
164
194
161
218
169
226
168
216
217
227
166
160
197
223
167
141
193
162
165
199
147

D
E
F
1
2
3
4
5
6
Auce
Vītiņi
Augstkalne
Meža ainavu parks
Vilce
Eleja
143
Vairog
Mežotne
Bauska
Rundāle
Rundāles pils
15
Vadakste
Naujoji Akmenė
Žagarė
Skaistgirys
Linkaičiai
Drasutaičiai
Bėrži
Adžūni
Uzvara
Kruopiai
Joniškis
Žeimelis
Kiemėnai
Saločiai
Žadeikoniai
Barvydžiai
Kinkiai
Sakyna
Piktuižiai
Rudiškiai
Jauneikiai
Mėdginai
Pašvitinys
Ūdekai
Degėsiai
Vaškai
Gruzdžiai
Meškuičiai
Gasčiūnai
Linkuva
Guostagalis
Pasvalys
Kuršėnai
Kužai
Kryžių kalnas
Žeimiai
Pakruojis
Joniškėlis
Meškalaukis
ŠIAULIAI
Ginkūnai
Kairiai
Deguciai
Klovainiai
Deglėnai
Pušalotas
Dirvonėnai
Varputėnai
Bubiai
Aukštelkė
Rekyvos ež.
Rozalimas
Derveliai
Alksniupiai
Smilgiai
Spirakiai
Šaukėnai
Radviliškis
Šeduva
PANEVĖŽYS
Sidabravas
Naujamiestis
Upytė
Vaiguva
Juodeikiai
Šiaulėnai
Baisogala
Kelmė
Tytuvėnai
Mėnaičiai
Šaukotas
Skėmiai
Krekenava
Ramyga
Lioliai
Grinkiškis
Šiluva
Naudvaris
Žaiginys
Vosiliškis
Gudžiūnai
Surviliškis
Truskava
Švenčiuliškiai
Kražiai
Žalpiai
Nemakščiai
Viduklė
Raseiniai
Gabšiai
Betygala
Žibuliai
Paliepiai
Krakės
Akademija
Dotnuva
Okainiai
Rudžiai
Lančiūnava
Kėdainiai
Vilainiai
Šėta
Paupys
Girkalnis
Ariogala
Pernarava
Josvainiai
Butkaičiai
Šimkaičiai
Juodaičiai
Butkiškė
Paaluonys
Nociūnai
Žeimiai
Stakiai
Tamošiai
Labūnava
Girdžiai
Čekiškė
Panevėžiukas
Liučiūnai
Karalgiris
Skirsnemunė
Raudonė
Klausučiai
Veliuona
Seredžius
Vandžiogala
Jonava
Gelgaudiškis
Plokščiai
Vilkija
Babtai
Kiduliai
Kriūkai
Kubiliai
Padauguva
Mikytai
Didieji Ibenai
Šveicarija
Bubiai
Lekėčiai
Lapės
IX forto memorialas
Domeikava
Karmėlava
Užusaliai
Būdos
Slavikai
Šakiai
Lukšiai
Kulautuva
Raudondvaris
KUN
Zapyškis
Pravieniškės
KAUNAS
Sitkūnai
Veršiai
Griškabūdis
Jankai
Ežerėlis
Rumšiškės
Pažaislis
Kauno marios
Vaišvydava
Marginiai
Viršužiglis
Piliuona
Mastaičiai
Garliava
Mauručiai
Višakio Rūda
Kruonis
Darsūniškis
Kudirkos Naumiestis
Slabadai
Bagotoji
Kazlų Rūda
Jūrė
Veiveriai
Skriaudžiai
Išlaužas
Pakuonis
Vilūnai
Pilviškiai
Antanavas
Leskava
Plutiškės
Šilavotas
Klausučiai
Paežeriai
Purviniškė
150
Nemunas
Neris
Nevėžis
Dubysa
Šušvė
Mūša
Venta
E77
E67
E85
E272
E262
A1
A2
A5
A6
A8
A9
A10
A11
A12
A17
A18
P87

A
B
C
1
2
3
4
5
6
144
LIETUVA
Biržai
Nereta
Viesīte
Akniste
Juodupė
Rokiškis
Obeliai
Pandėlys
Pasvalys
Vabalninkas
Pumpėnai
Kupiškis
Noriūnai
PANEVĖŽYS
Subačius
Velžys
Raguvėlė
Troškūnai
Svėdasai
Anykščiai
Utena
Kavarskas
Ukmergė
Deltuva
Bukonys
Jakutiškiai
Pabaiskas
Krikštėnai
Bagaslaviškis
Širvintos
Gelvonai
Giedraičiai
Dubingiai
Molėtai
Pabradė
Kaišiadorys
Elektrėnai
Kernavė
Maišiagala
Nemenčinė
VILNIUS
Grigiškės
Lentvaris
Trakai
Vievis
Saugykla
Avižieniai
D. Riešė
Mickūnai
Galgiai
Novaja Vēs
Dravjaniki
Bystryca
Kemeliški
Rubikių ežeras
Struve Geodetic Arc
Etnokosmologijos centras
Europos centras
Europos parkas
Via Baltica
Šventoji
Neris
Nevėžis
Lėvuo
Žeimena
Vilija
20 km
12.4 mi
151

D
E
F
145
1
2
3
4
5
6
LATVIJA
Latgales augstiene
BELARUS'
Līvāni
Preiļi
Riebiņi
Malta
Rāznas ezers
Kaunata
Rāznas nac. p.
Aglonas stacija
Aglona
Andrupene
Dagda
Jasmuiža
Viški
Spogi
Dubna
Ilūkste
Līksna
Lociki
Krāslava
Vecstropi
DAUGAVPILS
Dabaspārks Daugavas loki
Zarasai
Turmantas
Visaginas
Dūkštas
Ignalina
Švenčionys
Druja
Друя
Braslaŭ
Браслаў
Usjany
Nacyjanalny park Braslaŭskija aziory
Pastavy
Паставы
Hlybokae
Глыбокае
Kazjany
Kurapolle
Мядзел
Mjadzel
Nacyjanalny park Naračanski
Svir
Vidzy
Miory
Sarkaŭščyna
Kapyl'ščyna
Zamošša
Dzisna
Lyntupy
Makryca
Budslaŭ
Vardamičy
Dunilavičy
149

A
B
C
1
2
3
4
5
6
147
Kelme
Kražiai
Maironiai
Tytuvėnai
Šaukotas
Menaičiai
Skėmiai
Pociūnėliai
Krekenava
Griniai
Liolaiai
Šiluva
Grinkiškis
Gudžiūnai
Košiai-Pirmas
Stulgiai
Žalpiai
Naudvaris
Kataušiai
Žaiginys
Vosiliškis
Surviliškis
Šventšiliškiai
Nemakščiai
Skaudvilė
Viduklė
Raseiniai
Žibuliai
Betygala
Paliepiai
Krakės
Bokštai
Akademija
Dotnuva
Rudžiai
Paupys
Gabšiai
Girkalnis
Pašaltuonys
Eržvilkas
Ariogala
Pernarava
Kėdainiai
Vilainiai
Josvainiai
Butkaičiai
Šimkaičiai
Juodaičiai
Butkiškė
Paaluonys
Nociūnai
Žindaičiai
Girdžiai
Stakiai
Tamošiai
Čekiškė
Liučiūnai
Labūnava
Panevėžiukas
Karalgiris
Klausučiai
Jurbarkas
Skirsnemunė
Raudonė
Veliuona
Seredžius
Vandžiogala
Babtai
Kiduliai
Gelgaudiškis
Plokščiai
Kriūkai
Vilkija
Padauguva
Didieji Ibėnai
Sudargas
Kubiliai
Nemunas
Mikytai
Lekėčiai
Bubiai
IX forto memorialas
Domeikava
Lapės
Karmėlava
Slavikai
Šakiai
Lukšiai
Kulautuva
Raudondvaris
Zapyškis
Pobedino
Sintautai
Ežerėlis
KAUNAS
Pažaislis
Slienava
Kauno marios
Pravdino
Veršiai
Griškabūdis
Jankai
ROSSIJA
Mastaičiai
Vaišvydava
Šešupė
Višakis
Šakio Rūda
Garliava
Margininkai
Kudirkos-Naumiestis
Slabadai
Bagotoji
Kazlų Rūda
Veiveriai
Mauručiai
Jūrė
Skriaudžiai
Išlaužas
Tret'jakovo
Pilviškiai
Antanavas
Ąžuolų Būda
Leskava
Pakuonis
Klausučiai
Paežeriai
Purviniškė
Plutiškės
Šilavotas
Kybartai
Vilkaviškis
Šunskai
Sasnava
Prienai
Birštonas
Virbalis
Tautkaičiai
Igliškėliai
Igliauka
Naujoji Ūta
Keturvalakiai
Marijampolė
Balsupiai
Amalvos ežeras
Gudeliai
Pajevonys
Bartninkai
Padovinys
Balbieriškis
Punia
Patilčiai
Varnupiai
Panemuninkai
Kalinino
Vištytis
Gražiškiai
Via Baltica
Liudvinavas
Verebiejai
Vištyčio ež.
Pavištytis
Girkantai
Jungėnai
Žuvintas
Ūdrija
Alytus
Akmenynai
Kalvarija
Vartai
Krosna
Simnas
Santaika
Wiżajny
Liubavas
Šuśninkai
Šestokai
Miroslavas
Alovė
Żytkiejmy
Sangrūda
Mockai
Metelys
Obelija
Budzisko
Radiškė
Verstaminai
Dusia
Meteliai
Nemunaitis
Przerośl
Szypliszki
Puńsk
Rudamina
Seirijai
Krikštonys
Makniūnai
POLSKA
Lazdijai
Rylėkiai
Jeleniewo
Widugiery
Slavantai
Jezero Galadus
Seirijis
Merkinė
Osowa
Ogrodniki
Krasnopol
Kučiūnai
Suwałki
Stary Folwark
Sejny
Berżniki
Veisiejai
Leipalingis
Vilkiautinis
Liškiava
Bakałarzewo
Wigierski P.N.
Płociczno
Jezero Gremzdy
Jezero Pomorze
Ančios ež.
Viečiūnai
Giby
Druskininkai
Kapčiamiestis
Didžiasalis
Grūto parkas
Raczki
Jez. Wigry
PUSZCZA AUGUSTOWSKA
SUWALSKIE
POJEZIERZE
Ratnyčia
Cimochy
Nowinka
Macharce
Gerdašiai
Baltoji Ančia
Prvvalka
Прывалка
Kalety
Калеты
Janówka
Kalinowo
Przewięż
Augustów
Nowe Rutki
Sonicy
Сонічы
Hoža
Staraja Ruda
Старая Руда
LT
RUS
BY
PL
KUN

D
E
F
148
1
2
3
4
5
6
LIETUVA
BELARUS
Ramygala
Troškūnai
Raguva
Niūronys
Debeikiai
Užpaliai
Daugailiai
Barklainiai
Vadokliai
Traupis
Dabužiai
Rubikiai
Anykščiai
Rubikių ežeras
Vaikutėna
Kubiliai
Utena
Spitrėnai
Šilai
Mažeiliai
Kavarskas
Leliūnai
Tauragnai
Stripeikiai
Lėnas
Kurkliai
Skiemonys
Kuktiškės
Piliakalnis
Taujėnai
Dapkūniškiai
Klabiniai
Alanta
Meiliūnai
Suginčiai
Etnokosmologijos centras
Vidiškiai
Balninkai
Labanoras
Siesikai
Ukmergė
Deltuva
Molėtai
Mindūnai
Bukonys
Jakutiškiai
Videniškiai
Pašilė
Želva
Baltųjų Lakajų ežeras
Dainava
Šešuoliai
Inturkė
Pageležiai
Pabaiskas
Pusnė
Galuonų ežeras
Vepriai
Krikštėnai
Utą
Maldžiūnai
Žurniai ežeras
Šventoji
Upninkai
Zibalai
Giedraičiai
Joniškis
Bagaslaviškis
Šešuoléliai
Arnionys
Rukla
Gelvonai
Keižonys
Širvintos
Liukonys
Gegužinė
Vindeikiai
Sužionys
Pabradė
Šauliai
Paberžė
Musė
Žemaitėliai
Palomenė
Čiobiškis
Musninkai
Jauniūnai
Kločiūnai
Stabintiškės
Eitminiškės
Europos centras
Neris
Kernavė
Veriškės
Magūnai
Žasliai
Maišiagala
Prienai
Kaišiadorys
Antakalnis
Kaugonys
Dūkštos
Nemenčinė
Europos parkas
Bezdonys
Bystryca
Быстрица
Žiežmariai
Elektrėnai
Vievis
D. Riešė
Mūro Strėvininkai
VILNIUS
Saugykla
Avižieniai
Galgiai
Elektrėnų tv.
Vilija
Pastrėvys
Bražuolė
Grigiškės
Lavariškės
Novaja
Mickūnai
Dravja
Дравян
Semeliškės
Beižionys
Trakai
Lentvaris
Kalveliai
Rukainiai
Trakų istorinis nac. p.
Nemėžis
Šumskas
Stakliškės
Kazbėjai
Rudamina
Loša
Лоша
Aukštadvaris
Šventininkai
Pagiriai
Juodšiliai
Medininkai
Rūdiškės
Marijampolis
Ečiūnai
Vaiciuniškės
Paluknys
Senasalis
Onuškis
Mamavys
Papiškės
Turgeliai
Muravanaja-Ašmjanka
Муравана-Ашмянка
Pivašiūnai
Baltoji Vokė
Jašiūnai
Tabariškės
Klepočiai
Žagarinė
Rūdninkai
Muravana-Ašmjanka
Мурава-Ашмянка
Tiltai
Bunjany
Буняны
Dainava
Daugai
Darguižiai
Pirčiupiai
Šalčininkėliai
Semjuny
Семюны
Sarapiniškės
Kernavės ežeras
Valkininkai
Stul'gi
Стульгі
Čiužiakampis
Šalčininkai
Druckūnai
Didžiulis
Klevica
Клевіца
Matuizos
Pabarė
Benjakoni
Бенякони
Konveliški
Лушкіш
Tolkūnai
Senoji Varėna
Vėžionys
Butrimonys
Pečkuny
Пецкуны
Jurgelionys
Merkys
Perloja
Varėna
Kalesninkai
Paljackiški
Палацкішкі
Dieveniškės
Barčiai
Vydeniai
Eišiškės
Tusomancy
Voranava
Воранава
Geraneny
Гераненьі
Puvočiai
Panočiai
Cušyški
Сушышкі
Dociški
Доцішкі
Paharodna
Пагародна
Hirovi
Rudnia
Nača
Нача
Bastuny
Бастуны
Dajnava
Дайнава
Subotniki
Суботнікі
Kamjančane
Камянчане
Čepkelių rezervatas
Krokšlys
Dubičiai
Radun'
Радунь
Žyrmuny
Жырмуны
Trakeli
Тракелі
Lipniški
Ліпнішкі
Urciški
Урцішкі
Musteika
Peljasa
Пеляса
Mal. Knjazikovcy
Мал. Князікоўцы
Haŭja
Гаўя
Gavja
Kabeliai
Peršamajskaja
Zabalac'
Забалаць
Bol'ciški
Krupava
Крупава
20 km
12.4 mi
Iŭe
Іўе
Lida
Ліда
Peršamajski
Першамайскі
Zamascjany
Замасцяны
Moryna
Морына
Chadziloni
Хадзілоні
Tanjavičy
Танявічы
Vavėrka
Вавёрка
Kryvičy
Крывічы
Beršty
LT
BY
VON
E272
A2
E262
A6
A14
E85
A1
A16
E28
A3
M7
A15
A4
M11
M6

KARTENLEGENDE

18 26 — Autobahn mit Anschlussstellen
Motorway with junctions

Autobahn in Bau
Motorway under construction

Mautstelle
Toll station

Raststätte mit Übernachtung
Roadside restaurant and hotel

Raststätte
Roadside restaurant

Tankstelle
Filling-station

Autobahnähnliche Schnellstraße mit Anschlussstelle
Dual carriage-way with motorway characteristics with junction

Fernverkehrsstraße
Trunk road

Durchgangsstraße
Thoroughfare

Wichtige Hauptstraße
Important main road

Hauptstraße
Main road

Nebenstraße
Secondary road

Eisenbahn
Railway

Autozug-Terminal
Car-loading terminal

Zahnradbahn
Mountain railway

Kabinenschwebebahn
Aerial cableway

Eisenbahnfähre
Railway ferry

Autofähre
Car ferry

Schifffahrtslinie
Shipping route

Landschaftlich besonders schöne Strecke
Route with beautiful scenery

Alleenstr. — Touristenstraße
Tourist route

XI-V — Wintersperre
Closure in winter

Straße für Kfz gesperrt
Road closed to motor traffic

8% — Bedeutende Steigungen
Important gradients

Für Wohnwagen nicht empfehlenswert
Not recommended for caravans

Für Wohnwagen gesperrt
Closed for caravans

Besonders schöner Ausblick
Important panoramic view

Wartenstein *Umbalfälle* — Sehenswert: Kultur - Natur
Of interest: culture - nature

Badestrand
Bathing beach

Nationalpark, Naturpark
National park, nature park

Sperrgebiet
Prohibited area

Kirche
Church

Kloster
Monastery

Schloss, Burg
Palace, castle

Moschee
Mosque

Ruinen
Ruins

Leuchtturm
Lighthouse

Turm
Tower

Höhle
Cave

Ausgrabungsstätte
Archaeological excavation

Jugendherberge
Youth hostel

Allein stehendes Hotel
Isolated hotel

Berghütte
Refuge

Campingplatz
Camping site

Flughafen
Airport

Regionalflughafen
Regional airport

Flugplatz
Airfield

Staatsgrenze
National boundary

Verwaltungsgrenze
Administrative boundary

Grenzkontrollstelle
Check-point

Grenzkontrollstelle mit Beschränkung
Check-point with restrictions

ROMA — Hauptstadt
Capital

VENEZIA — Verwaltungssitz
Seat of the administration

MARCO POLO Erlebnistour 1
MARCO POLO Discovery Tour 1

MARCO POLO Erlebnistouren
MARCO POLO Discovery Tours

1 — MARCO POLO Highlight
MARCO POLO Highlight

FÜR IHRE NÄCHSTE REISE ...

ALLE **MARCO POLO** REISEFÜHRER

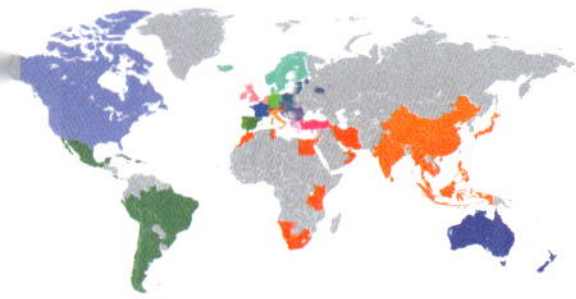

DEUTSCHLAND

Allgäu
Bayerischer Wald
Berlin
Bodensee
Chiemgau/Berchtesgadener Land
Dresden/Sächsische Schweiz
Düsseldorf
Eifel
Erzgebirge/Vogtland
Föhr & Amrum
Franken
Frankfurt
Hamburg
Harz
Heidelberg
Köln
Lausitz/Spreewald/Zittauer Gebirge
Leipzig
Lüneburger Heide/Wendland
Mecklenburgische Seenplatte
Mosel
München
Nordseeküste Schleswig-Holstein
Oberbayern
Ostfriesische Inseln
Ostfriesland/Nordseeküste Niedersachsen/Helgoland
Ostseeküste Mecklenburg-Vorpommern
Ostseeküste Schleswig-Holstein
Pfalz
Potsdam
Rheingau/Wiesbaden
Rügen/Hiddensee/Stralsund
Ruhrgebiet
Schwarzwald
Stuttgart
Sylt
Thüringen
Usedom/Greifswald
Weimar

ÖSTERREICH SCHWEIZ

Kärnten
Österreich
Salzburger Land
Schweiz
Steiermark
Tessin
Tirol
Wien
Zürich

FRANKREICH

Bretagne
Burgund
Côte d'Azur/Monaco
Elsass
Frankreich
Französische Atlantikküste
Korsika
Languedoc-Roussillon
Loire-Tal
Nizza/Antibes/Cannes/Monaco
Normandie
Paris
Provence

ITALIEN MALTA

Apulien
Dolomiten
Elba/Toskanischer Archipel
Emilia-Romagna
Florenz
Gardasee
Golf von Neapel
Ischia
Italien
Italienische Adria
Italien Nord
Italien Süd
Kalabrien
Ligurien/Cinque Terre
Mailand/Lombardei
Malta & Gozo
Oberital. Seen
Piemont/Turin
Rom
Sardinien
Sizilien/Liparische Inseln
Südtirol
Toskana
Venedig
Venetien & Friaul

SPANIEN PORTUGAL

Algarve
Andalusien
Azoren
Barcelona
Baskenland/Bilbao
Costa Blanca
Costa Brava
Costa del Sol/Granada
Fuerteventura
Gran Canaria
Ibiza/Formentera
Jakobsweg Spanien
La Gomera/El Hierro
Lanzarote
La Palma
Lissabon
Madeira
Madrid
Mallorca
Menorca
Portugal
Spanien
Teneriffa

NORDEUROPA

Bornholm
Dänemark
Finnland
Island
Kopenhagen
Norwegen
Oslo
Schweden
Stockholm
Südschweden

WESTEUROPA BENELUX

Amsterdam
Brüssel
Cornwall & Devon
Dublin
Edinburgh
England
Flandern
Irland
Kanalinseln
London
Luxemburg
Niederlande
Niederländische Küste
Oxford
Schottland
Südengland

OSTEUROPA

Baltikum
Budapest
Danzig
Krakau
Masurische Seen
Moskau
Plattensee
Polen
Polnische Ostseeküste/Danzig
Prag
Slowakei
St. Petersburg
Tallinn
Tschechien
Ungarn
Warschau

SÜDOSTEUROPA

Bulgarien
Bulgarische Schwarzmeerküste
Kroatische Küste Dalmatien
Kroatische Küste Istrien/Kvarner
Montenegro
Rumänien
Slowenien

GRIECHENLAND TÜRKEI ZYPERN

Athen
Chalkidiki/Thessaloniki
Griechenland Festland
Griechische Inseln/Ägäis
Istanbul
Korfu
Kos
Kreta
Peloponnes
Rhodos
Sámos
Santorin
Türkei
Türkische Südküste
Türkische Westküste
Zákinthos/Itháki/Kefalloniá/Léfkas
Zypern

NORDAMERIKA

Chicago und die Großen Seen
Florida
Hawai'i
Kalifornien
Kanada
Kanada Ost
Kanada West
Las Vegas
Los Angeles
New York
San Francisco
USA
USA Ost
USA Südstaaten/New Orleans
USA Südwest
USA West
Washington D.C.

MITTEL- UND SÜDAMERIKA

Argentinien
Brasilien
Chile
Costa Rica
Dominikanische Republik
Jamaika
Karibik/Große Antillen
Karibik/Kleine Antillen
Kuba
Mexiko
Peru & Bolivien
Yucatán

AFRIKA UND VORDERER ORIENT

Ägypten
Djerba/Südtunesien
Dubai
Iran
Israel
Jordanien
Kapstadt/Wine Lands/Garden Route
Kapverdische Inseln
Kenia
Marokko
Marrakesch
Namibia
Oman
Rotes Meer & Sinai
Südafrika
Tansania/Sansibar
Tunesien
Vereinigte Arabische Emirate

ASIEN

Bali/Lombok/Gilis
Bangkok
China
Hongkong/Macau
Indien
Indien/Der Süden
Japan
Kambodscha
Ko Samui/Ko Phangan
Krabi/Ko Phi Phi/Ko Lanta/Ko Jum
Malaysia
Myanmar
Nepal
Peking
Philippinen
Phuket
Shanghai
Singapur
Sri Lanka
Thailand
Tokio
Vietnam

INDISCHER OZEAN UND PAZIFIK

Australien
Malediven
Mauritius
Neuseeland
Seychellen

Viele MARCO POLO Reiseführer gibt es auch als eBook – und es kommen ständig neue dazu!
Checken Sie das aktuelle Angebot einfach auf: www.marcopolo.de/e-books

REGISTER

In diesem Register sind alle im Reiseführer erwähnten Orte und Ausflugsziele sowie einige wichtige Persönlichkeiten aufgeführt. EST = Estland; LV= Lettland; LT = Litauen.

SCHREIBEN SIE UNS!

Egal, was Ihnen Tolles im Urlaub begegnet oder Ihnen auf der Seele brennt, lassen Sie es uns wissen! Ob Lob, Kritik oder Ihr ganz persönlicher Tipp – die MARCO POLO Redaktion freut sich auf Ihre Infos.
Wir setzen alles dran, Ihnen möglichst aktuelle Informationen mit auf die Reise zu geben. Dennoch schleichen sich manchmal Fehler ein – trotz gründlicher Recherche unserer Autoren/innen. Sie haben sicherlich Verständnis, dass der Verlag dafür keine Haftung übernehmen kann.

MARCO POLO Redaktion
MAIRDUMONT
Postfach 31 51
73751 Ostfildern
info@marcopolo.de

IMPRESSUM
Titelbild: Corbis: B. Erlinger
Fotos: Corbis: B. Erlinger (1 o.); DuMont Bildarchiv (89, 119), Hirth (122 o.); R. Freyer (26, 33); Getty Images: J. Klee (112/113); Getty Images/Cultura Exclusive (116/117); Getty Images/Geber86 (3); Getty Images/Lonely Planet Images: F. M. Frei (86); R. Hackenberg (96/97); huber-images: Lubenow (10, 14, 15), Mehlig (Klappe l.), B. Santoro (54/55), R. Schmid (120); Laif: Contrasto/ Monteleone (123), T. Gerber (84), P. Hirth (67, 108, 136/137), A. Hub (52), G. Standl (11), B. Steinhilber (36), F. Weiss (20 o.), G. Westrich (102); Laif/hemis.fr: F. Guiziou (5, 38), P. Jacques (90, 122 u.); Laif/Keystone Schweiz (121); Laif/Zenit: J.-P. Boening (12/13); Look: H. Dressler (70), K. Fengler (73), F. M. Frei (17, 76, 80), H. Leue (98/99); Look/age fotostock (4 o., 45, 51, 65, 111); F. D. Maß (1 u.); mauritius images: Kerth (30 l.), J. Warburton-Lee (60); mauritius images/A Media Press/Alamy (21 u.); mauritius images/age (6); mauritius images/Alamy (28/29, 31, 32, 45, 79, 94, 104, 114, 120/121), P. Forsberg (48), A. Kendenkovs (63); mauritius images/Cubolmages (41); mauritius images/Cultura: R. Rohde (20 m.); mauritius images/foodcollection (20 u.); mauritius images/ib (gourmet-vision) (30 r.); mauritius images/ib: Gollnick (32/33), Pigozne (9); mauritius images/imageBROKER: S. Kiefer (19), F. Scholz (58/59); mauritius images/maksimee/Alamy (8); mauritius images/NPL - Wild Wonders of Europe (25); mauritius images/Photononstop (68); picture alliance/imageBROKER: G. Lenz (42/43); Bert Rähni (21 o.); D. Renckhoff (56); Schapowalow: R. Schmid (4 u., 34/35, 74/75); T. Stankiewicz (Klappe r., 82); Transit-Archiv: Hirth (92); vario images/imageBROKER (22/23); vario images/sodapix (7); vario images/Westend61 (2)

12., aktualisierte Auflage 2019

Autor: Jan Pallokat, Kapitel Lettland: Birgit Johannsmeier, Bearbeiter: Florian Daniel Maaß
Redaktion: Christina Sothmann
Bildredaktion: Veronika Plajer
Im Trend: wunder media, München, Florian Daniel Maaß
Kartografie Reiseatlas: © MAIRDUMONT, Ostfildern; Kartografie Faltkarte: © MAIRDUMONT, Ostfildern
Gestaltung Cover, S. 1, Faltkartencover: Karl Anders – Studio für Brand Profiling, Hamburg; Gestaltung innen: milchhof:atelier, Berlin; Gestaltung S. 2/ 3, Erlebnistouren: Susan Chaaban Dipl.-Des. (FH)
Sprachführer: in Zusammenarbeit mit Ernst Klett Sprachen GmbH, Stuttgart, Redaktion PONS Wörterbücher

Printed in Italy

FSC www.fsc.org
MIX
Paper from responsible sources
FSC® C015829

BLOSS NICHT

Ein paar Dinge, die Sie im Baltikum beachten sollten

AM FALSCHEN STRAND LIEGEN

Im katholischen Litauen sind manche Strandabschnitte abgeteilt: Mit *vyrų plažias (Männerstrand)* gekennzeichnete Abschnitte sind den Herren vorbehalten, am *moterų plažias (Frauenstrand)* hat dagegen nur das andere Geschlecht etwas zu suchen. Für Liebespaare gibt es immer noch den *bendras plažias (gemischt)*. Männer, die sich zum *moterų plažias* wagen, können in ernsthafte Schwierigkeiten geraten, respektive brutal verscheucht werden.

BELEHREN

Die baltischen Staaten haben Tausend Jahre Fremdherrschaft hinter sich. Was die Einwohner daher nicht brauchen, sind Gäste, die ihnen die Welt erklären wollen. Besonders, wenn sie aus einem Land stammen, dass die Region jahrhundertelang gewaltsam unterdrückt hat und deren Bewohner als Leibeigene behandelt hat. Sie meinen, die sollten doch besser wieder aus der Nato austreten, um Putin nicht zu provozieren? Behalten Sie es für sich. Kein Thema für einen Urlaubsplausch. Die drei Länder sind direkte Nachbarn Russlands, sie haben ihre ganz eigene historische Erfahrung gemacht.

OHNE BLUMEN KOMMEN

Wenn Sie eingeladen sind, besorgen Sie sich unbedingt einen kleinen Blumenstrauß – er braucht auch nicht teuer zu sein. Mit leeren Händen zu kommen gilt als ungehörig. Überall in den baltischen Städten gibt es kleine Blumenläden. Der Strauß wird gleich an der Tür überreicht.

RELIGIÖSE GEFÜHLE VERLETZEN

Russisch-orthodoxen Kirchen begegnen Sie im Baltikum vielerorts, und sie stehen fast immer für Besichtigungen offen, was sich schon wegen der prächtigen Ausstattung und uralter Ikonen lohnt. Doch sind sie Orte gelebten Glaubens, die strenge Religiosität ist echt und keine Folklore. Denken Sie daran, wenn Sie eine orthodoxe Kirche betreten! Bitte nicht in aufreizender Freizeitbekleidung, und mit der Kamera sollten Sie sensibel umgehen. Ähnliches gilt in den katholischen Kirchen Litauens.

IM HAUS PFEIFEN

Rituale des Aberglaubens sind im Baltikum bis heute populär und Teil de Alltagskultur. In Lettland bringt e Glück, wenn man von einer weiße Katze träumt – und Unglück, neu Schuhe auf den Tisch zu legen. Un niemals sitzen 13 Menschen an eine Tisch! Im digital-modernen Estlar wird man kaum jemanden im Ha pfeifen hören – das Haus wird bald a brennen, so ein alter Aberglaube. An den man sich halt hält. Sicher ist sicher. Auch in Litauen wird es nicht gerne gehört, wenn im Haus gepfiffen wird, das könnte die Hausgeister oder andere dunkle Mächte wecken. Bei Privatbesuchen ist das Schuheausziehen üblich. Bei der Begrüßung sollte man die Hand nicht über die Türschwelle reichen: Das könnte jede Menge Unglück bringen!